Veronika Pichl

DAS HIGH-PROTEIN KOCHBUCH

Veronika Pichl

DAS HIGH-PROTEIN KOCHBUCH

Über 60 eiweißreiche Rezepte für Muskelaufbau und Fettverbrennung

riva

Bibliografische Information der Deutschen Nationalbibliothek
Die Deutsche Nationalbibliothek verzeichnet diese Publikation in der Deutschen Nationalbibliografie. Detaillierte bibliografische Daten sind im Internet über https://dnb.de abrufbar.

Für Fragen und Anregungen
info@m-vg.de

Wichtige Hinweise
Dieses Buch ist für Lernzwecke gedacht. Es stellt keinen Ersatz für eine individuelle medizinische Beratung dar und sollte auch nicht als solcher benutzt werden. Wenn du medizinischen Rat einholen möchtest, konsultiere bitte einen qualifizierten Arzt. Der Verlag und die Autorin haften für keine nachteiligen Auswirkungen, die in einem direkten oder indirekten Zusammenhang mit den Informationen stehen, die in diesem Buch enthalten sind.

Ausschließlich zum Zweck der besseren Lesbarkeit wurde auf eine genderspezifische Schreibweise sowie eine Mehrfachbezeichnung verzichtet. Alle personenbezogenen Bezeichnungen sind somit geschlechtsneutral zu verstehen.

7. Auflage 2026

Türkenstraße 89
80799 München
Tel.: 089 651285-0

Dies ist eine überarbeitete und erweiterte Neuausgabe des 2016 erschienenen Titels *Eiweiß for fit.*

Redaktion: Caroline Kazianka
Umschlaggestaltung: Sonja Vallant
Umschlagabbildungen: Vorderseite: Stephanie Just; Rückseite: Shutterstock.com: oben: Joanna Lawniczak, ltummy, stockcreations; unten: Yulia Davidovich, Elena Veselova, DronG
Layout und Satz: Andreas Linnemann
Druck: Florjancic Tisk d.o.o., Slowenien
Printed in the EU

ISBN Print 978-3-7423-2178-7
ISBN E-Book (EPUB, Mobi) 978-3-7453-1948-4

Weitere Informationen zum Verlag findest du unter

www.rivaverlag.de

Beachte auch unsere weiteren Verlage unter www.m-vg.de

Inhalt

Proteinküche

High Protein, Low Carb, Ketose und Low Fat – auf der Suche nach einer vorteilhaften Ernährungsweise werden wir mit immer neuen Schlagworten konfrontiert; der Weg zu einer gesunden, ausgewogenen Ernährung führt durch einen Dschungel von neuen Begriffen und Empfehlungen. In letzter Zeit nehmen dabei die Proteine – pflanzliches und tierisches Eiweiß – im Ernährungsbewusstsein vieler Menschen einen bevorzugten Platz ein. Warum sind gerade die Proteine so wichtig für den Körper? Was hat es mit den verschiedenen Eiweißpulvern und anderen Produkten auf sich? Können Proteine beim Abnehmen helfen und sogar dabei, mehr Muskeln aufzubauen?

Dieser Ratgeber unterstützt dich dabei, den Proteintrend richtig zu verstehen und eine persönliche Ernährungsstrategie zu finden.

Mit über 60 Rezepten zeige ich dir, wie du eiweißreiche Mahlzeiten zubereiten und in deinen Alltag integrieren kannst. Die Nährwerte helfen dir dabei, dein ganz persönliches Ziel für Muskelaufbau und Abnehmen zu erreichen. Durch das Turbo-Eiweiß-Programm schmelzen die Pfunde!

Proteine – der Powerstoff und seine Aufgaben

Für Profisportler und Bodybuilder spielen Proteine schon lange eine große Rolle. Bei der Betrachtung von gesunder Ernährung oder Diäten ging es hingegen fast immer um Low und High Carb oder die Reduzierung von Fett bei der Nahrungsaufnahme. Wissenschaftliche Erkenntnisse zeigen jedoch, dass gerade Proteine für die Gesunderhaltung des Körpers und genauso bei Diäten besonders wichtig sind. Mittlerweile rücken Proteine daher auch bei denjenigen in den Vordergrund, denen es nicht primär um den Aufbau von Muskelmasse, sondern einfach um eine gesunde Ernährung oder den Verlust von ein paar überflüssigen Fettpölsterchen geht. Doch warum ist das eigentlich so und was machen Proteine überhaupt in unserem Körper?

Natürliche Kraftpakete

Das Wort »Protein« leitet sich von dem griechischen Wort »Proteno« ab und bedeutet etwa so viel wie »grundlegend« oder »vorrangig«. Allein ihr Name beschreibt die Aufgabe und Wichtigkeit dieser Stoffe deshalb schon sehr treffend: Proteine sind wesentliche Bestandteile sämtlicher lebender Organismen und haben darum auch im menschlichen Körper eine überragend wichtige Bedeutung. Jede unserer Körperzellen und alle Körperflüssigkeiten sind zum größten Teil aus ihnen gemacht. Als Enzyme sind sie außerdem für lebensnotwendige Körperfunktionen zuständig. Proteine, die wir auch als Eiweiß bezeichnen, setzen sich aus verschiedenen miteinander verketteten Aminosäuren zusammen. Insgesamt gibt es 20 verschiedene dieser proteinbildenden Aminosäuren. Acht von ihnen sind jedoch essenziell, das heißt, sie können nicht vom Körper selbst aus anderen Stoffen hergestellt werden und müssen daher über die Nahrung aufgenommen werden. Einige der wesentlichen Aufgaben von Proteinen im menschlichen Körper sind etwa:

- Unterstützung des Immunsystems und der Wundheilung,
- Aufbau und Erneuerung von Muskulatur und Gewebe,
- Bildung von Enzymen zur Aufrechterhaltung des Stoffwechsels,
- Übertragung von Nervenimpulsen, z. B. beim Sehen.

Entsprechend kommt Proteinen auch in unserer Ernährung eine immense Bedeutung zu. Wir sind auf sie angewiesen, da ohne sie lebenswichtige Vorgänge nicht mehr korrekt ablaufen könnten, und müssen sie unserem Körper über unsere Nahrung zur Verfügung stellen.

Wie viel Protein brauchen wir?

Als Richtwert der Deutschen Gesellschaft für Ernährung gilt, dass körperlich wenig aktive Erwachsene pro Kilogramm ihres Körpergewichts etwa 0,8 Gramm Protein täglich zu sich nehmen sollten. Einen Proteinbedarf von mehr als rund 1 Gramm Protein pro Kilogramm Körpergewicht haben Schwangere, Stillende und auch Kinder und Jugendliche. Hier sollten, zusätzlich zu den 0,8 Gramm pro Kilogramm, 10 bis 15 Gramm an Extraeiweiß konsumiert werden.

Diese Angaben stellen jedoch lediglich die Mindestmenge an täglich benötigtem Protein dar. Wer sportlich aktiv ist oder körperlich arbeitet, hat natürlich auch einen entsprechend erhöhten Proteinbedarf.

Angesehene amerikanische Organisationen aus dem Bereich Sportmedizin und Ernährung geben folgende Empfehlungen zum Bedarf von Sportlern:

- Das American College of Sports Medicine (ACSM) empfiehlt: 1,2 bis 1,4 Gramm Eiweiß pro Kilogramm Körpergewicht für Ausdauersportler und 1,6 bis 1,7 Gramm pro Kilogramm für Kraftsportler.
- Die International Society of Sports Nutrition (ISSN) gibt mit 1,4 bis 2,0 Gramm pro Kilogramm eine ganz ähnliche Empfehlung ab und rät Ausdauersportlern zu einer Proteinmenge im unteren Bereich dieser Empfehlung. Proteinmengen im mittleren Bereich gelten für Personen, die fordernde Sportarten wie Fußball betreiben. Eine Proteinmenge von 2 Gramm pro Kilogramm Körpergewicht soll von Kraft- oder Leistungssportlern konsumiert werden.

Bei dem, was wir täglich zu uns nehmen, sollte es uns jedoch nicht allein um die Vorbeugung gegen einen Proteinmangel gehen. Schließlich können wir uns die zahlreichen positiven Eigenschaften von Proteinen durch eine eiweißreiche Ernährung auch ganz gezielt zunutze machen.

Proteine als Bestandteil unserer Ernährung

Die meisten Nahrungsmittel, die wir zu uns nehmen, setzen sich aus drei Hauptnährstoffen zusammen: aus Kohlenhydraten, Fetten und Proteinen. Wie gesund, ungesund oder energiereich ein Lebensmittel ist, hängt dabei im Wesentlichen von der Mischung dieser drei Hauptnährstoffe ab.

Lange Zeit ging man davon aus, dass man, um gesund und fit zu bleiben oder zu werden, allein den Kaloriengehalt seiner Nahrungsmittel im Blick behalten müsse. Entsprechend wurden jahrzehntelang gerade von Abnehmwilligen Kalorien akribisch gezählt und es wurde darauf geachtet, eine bestimmte Kalorienmenge bloß nicht zu überschreiten. Wie bzw. mit welchen Lebensmitteln diese Kalorienmenge erreicht wurde, war dabei zweitrangig. Es galt allein: Die Menge macht's!

Warum bei manchen trotz konsequentem Kalorienzählen keine Pfunde purzeln wollten oder man sich trotz idealer Kalorienzufuhr schlapp, müde und einfach unfit fühlte, blieb ein Mysterium.

Heute weiß man nicht nur in der Ernährungswissenschaft, dass es nicht allein auf die Kalorienmenge ankommt, sondern auch die Herkunft der aufgenommenen Kalorien eine entscheidende Rolle bei ihrer Verwertung durch den Körper spielt.

Kohlenhydrate – das schwarze Schaf unter den Nährstoffen?

Mit dem Aufkommen eines allgemein gesteigerten Ernährungsbewusstseins bewegte sich der Trend langsam weg vom Kalorienzählen. Schnell war aber ein neuer Gegner gefunden: Kohlenhydrate. Wer gesund, fit und schlank sein wollte, musste von nun an einen möglichst großen Bogen um Reis, Kartoffeln, Bananen und Co. machen. Schließlich waren Kohlenhydrate die Wurzel allen Übels. Doch stimmt das wirklich? Immerhin ernähren sich Menschen seit Jahrtausenden zum überwiegenden Teil von kohlenhydratreichem Getreide und Hülsenfrüchten.

Zur Beantwortung dieser Frage darf ein wichtiger Punkt nicht vergessen werden: Seit langer Zeit essen Menschen mehrheitlich unter anderem Getreide, Hülsenfrüchte, Obst und auch Kartoffeln. All diese Lebensmittel enthalten viele Kohlenhydrate. Ursprünglich wurden diese aber zumeist in ihrer komplexen Form und in Zusammenhang mit Mineralien und Ballaststoffen konsumiert – wie etwa in Naturreis oder Vollkornmehl. Diese komplexen Kohlenhydrate werden nur langsam verstoffwechselt und lassen den Blutzuckerspiegel auch nur langsam ansteigen. Ballaststoffe halten lange satt

und regulieren unter anderem die Verdauung.
Wenn wir heute Getreide oder andere kohlenhydratreiche Lebensmittel zu uns nehmen, greifen wir jedoch meist zu Produkten mit verarbeitetem Weißmehl und raffiniertem Zucker.
Diese Produkte enthalten allerdings entweder ausschließlich Stärke und keine Ballaststoffe mehr oder sogar lediglich einfache, »schnelle« Kohlenhydrate, die unseren Blutzuckerspiegel rasant in die Höhe treiben. Außerdem liefern sie viel weniger Vitamine, Mineralstoffe und Ballaststoffe als ihr ursprüngliches Vollkornpendant. Gemeinsam mit dem veränderten, modernen Lebensstil und einer schnellen Insulinausschüttung ins Blut werden so nicht nur Heißhunger und Fetteinlagerungen begünstigt, sondern auf lange Sicht auch Übergewicht. Entsprechend sollte gerade bei Kohlenhydraten nicht nur auf ihre Quantität, sondern viel mehr noch auf ihre Herkunft geachtet werden. Darum gilt: Keine Angst vor komplexen Kohlenhydraten aus Hülsenfrüchten, Vollkornprodukten oder Kartoffeln! Auch sie enthalten wertvolles pflanzliches Protein, machen uns lange satt und liefern wichtige Energie, die wir gerade beim Sport dringend benötigen. Komplexe Kohlenhydrate sind also keineswegs der böse Bube unter den Nährstoffen, sollten aber dennoch, je nach Ernährungsziel, bewusst genossen werden. Wer beispielsweise Gewicht verlieren möchte, sollte zumindest am Abend auf eine kohlenhydratreiche Mahlzeit verzichten. Mehr Informationen dazu findest du im Kapitel »Durch Essen abnehmen« (ab S. 26).

Fette – energiereiche Stoffwechselbooster

Genau wie bei den Kohlenhydraten sind auch die Fette nach ihrer Herkunft zu unterscheiden: Sie können nämlich sowohl tierischer als auch pflanzlicher Herkunft sein. Fette sind naturgemäß sehr energiereich und werden, wenn wir sie im Übermaß zu uns nehmen, vom Körper in

unliebsamen Pölsterchen gespeichert. Allerdings enthalten gerade pflanzliche Fette und Öle oft wertvolle Inhaltsstoffe, die nicht nur das Herz-Kreislauf-System schützen, sondern auch unseren Stoffwechsel in Schwung halten.

Proteine – lebenswichtiger Treibstoff für unseren Körper

Wie Fette und Kohlenhydrate sind auch Proteine ein Hauptnährstoff und spielen bei allen lebenswichtigen Vorgängen eine überragende Rolle. Alle unsere Körperfunktionen sind, um richtig funktionieren zu können, auf Proteine angewiesen. Muskeln, Knochen, viele Hormone und unser Immunsystem benötigen Proteine als Grundbaustein. Sie sind also für Leistungsfähigkeit und Gesundheit besonders bedeutsam. Anders als Glukose (also z. B. Kohlenhydrate) kann der menschliche Körper Proteine aber nicht speichern oder nur in sehr eingeschränktem Maße und bedarf daher einer stetigen Zufuhr über die Nahrung. Wird dem Körper, etwa im Rahmen einer Diät, nicht genügend Protein zugeführt, kann es nicht nur zu Mangelerscheinungen kommen, der Körper wird dann auch gezwungen, seine eigene Substanz anzugreifen – insbesondere Muskeln, Haare und Haut. Ein Umstand, der wohl niemandem gefallen dürfte und nicht gerade zu einem attraktiven, gesunden Äußeren beiträgt.

Eiweiß in Lebensmitteln

Proteine stellen den einzigen Nährstoff dar, der für den menschlichen Organismus wirklich unentbehrlich ist. Entsprechend wichtig ist es, täglich eine ausreichende Menge über die Nahrung aufzunehmen, egal ob tierischen oder pflanzlichen Ursprungs. Zu den pflanzlichen proteinreichen Nahrungsmitteln zählen Nüsse, Hülsenfrüchte und einige Getreidesorten. Proteinreiche tierische Lebensmittel sind Fleisch, Fisch, Eier, Geflügel, Milchprodukte und Meeresfrüchte.

Lebensmittel mit besonders hohem Eiweißgehalt

Eier – Nomen est omen. Eier sind ein hervorragender Lieferant hochwertigen Eiweißes. Ein einziges Ei liefert dabei etwa 7 Gramm Protein. Der Clou dabei ist: Die enthaltenen Proteine können vom Körper besonders gut aufgenommen werden.

Thunfisch – In 100 Gramm Thunfisch stecken rund 20 Gramm Eiweiß, die durch wertvolle Omega-3-Fettsäuren optimal ergänzt werden. Übrigens: Es muss nicht immer frischer Thunfisch sein. Auch Thunfisch aus der Dose glänzt mit einem besonders hohen Proteingehalt.

Lachs – Eine 150-Gramm-Portion Lachs versorgt den Körper mit 30 Gramm Eiweiß und wertvollen Mineralstoffen. Auch gesunde Omega-3-Fettsäuren und Vitamin A und B sind in dem leckeren Fisch reichlich enthalten.

Dorade und Forelle – Sie gehören zu den besonders eiweißreichen Fischsorten. Ähnlich wie Lachs liefern sie rund 29 Gramm Protein pro 150-Gramm-Portion. Allerdings enthält ihr Fleisch viel weniger Fett als das von Lachs oder Thunfisch und ist darum gut für Diäten geeignet.

Red Snapper und Tilapia – Diese beiden Fischsorten weisen pro 100 Gramm rund 20 bis 26 Gramm Eiweiß auf. Ihr Fleisch ist außerdem nicht sehr fettreich und leicht verdaulich.

Garnelen – Etwas weniger Eiweiß als Fisch liefern Garnelen. Sie sind aber mit rund 18 Gramm Eiweiß pro 100 Gramm dennoch echte Proteinbomben. Außerdem sind sie mit ihrem geringen Kaloriengehalt von etwa 80 Kalorien pro 100 Gramm auch für diejenigen gut geeignet, die ein paar Pfunde verlieren möchten.

Puten- und Hähnchenbrust – Puten- und Hähnchenfleisch sind besonders fettarm und enthalten pro 100 Gramm rund 25 Gramm Eiweiß. Da ihr Proteinaufbau dem des Menschen ähnelt, kann das Eiweiß sehr gut aufgenommen werden.

Rindfleisch – Mageres Rindfleisch ist ein weiterer geeigneter Eiweißlieferant. Wer sich ein leckeres 150-Gramm-Steak schmecken lässt, nimmt damit etwa 32 Gramm gut verwertbares Eiweiß zu sich.

Schweinefleisch und Lammfleisch – Auch das Fleisch von Lamm und Schwein liefert pro Portion (125 Gramm) mit rund 26 Gramm eine ansehnliche Menge an Eiweiß. Da beide Fleischsorten jedoch recht fettreich sind und den Cholesterinspiegel schnell in die Höhe treiben, sollten sie eher maßvoll genossen werden.

Milch, Quark, Hüttenkäse – Milch und Milchprodukte beinhalten nicht nur viel Eiweiß, sondern auch etliche wertvolle Vitamine und Mineralien. Mit Vitamin B12 und D sorgen sie für starke Knochen und gute Stimmung. 100 Gramm Quark oder Hüttenkäse bringen dabei rund 13 Gramm, 100 Milliliter Milch etwa 3,5 Gramm Eiweiß.

Käse – Auch Gouda, Bergkäse und Co. können mit jeder Menge Eiweiß glänzen. Je nach Sorte liefert Käse zwischen 26 und 35 Gramm Eiweiß pro 100 Gramm. Als echte Proteinbombe mit bis zu 35 Gramm Eiweiß erweist sich dabei übrigens würziger Parmesankäse.

Rote Linsen, Sojabohnen, Quinoa – Das getreideähnliche Korn Quinoa, Linsen (wie Hülsenfrüchte generell) und Sojabohnen enthalten besonders viel gesundes pflanzliches Eiweiß. Rote Linsen kommen dabei auf etwa 23 Gramm, Sojabohnen auf fast 33 Gramm und Quinoa auf bis zu 16 Gramm Eiweiß pro 100 Gramm.

Erdnüsse – Erdnüsse bringen es auf die beachtliche Menge von 27 Gramm Protein auf 100 Gramm. Obwohl sie auch Zink und Magnesium aufweisen, sollten sie nur in Maßen genossen werden – schließlich sind Erdnüsse besonders fett- und kalorienreich.

Andere proteinreiche Lebensmittel

Die angegebene Proteinmenge bezieht sich auf 100 Gramm des Lebensmittels

- Roquefortkäse (23 Gramm)
- Putenaufschnitt (22 Gramm)
- Gekochter Schinken (22 Gramm)
- Ölsardinen (22 Gramm)
- Kalbsfilet (20 Gramm)
- Grillhähnchen (20 Gramm)
- Leber (20 Gramm)
- Kichererbsen (20 Gramm)
- Mandeln (20 Gramm)
- Pistazien (17 Gramm)

Proteinreiche Lebensmittel für Vegetarier

Wer auf Fleisch verzichtet, dem muss es dennoch nicht an Proteinen mangeln. Während ansonsten kaum jemand auf seine Proteinversorgung angesprochen wird, werden gerade Vegetarier immer wieder mit der besorgten Frage konfrontiert, ob sie denn auch genügend Proteine zu sich nehmen würden. Zugegeben, wer Fleisch und Fisch isst, hat es deutlich leichter, ausreichend Proteine aufzunehmen oder seine Ernährung insgesamt proteinreicher zu gestalten. Das bedeutet aber nicht, dass das Vegetariern nicht auch möglich wäre.

Milchprodukte und Eier

Anstatt einer großen Portion Hähnchenbrust können sich Vegetarier einen Becher Magerquark (250 Gramm) oder 200 Gramm Hüttenkäse schmecken lassen. Mit 30 bzw. 25 Gramm Protein liefern diese Milchprodukte etwa die gleiche Menge an wertvollem Eiweiß. Verfeinert mit Obst oder Beeren beinhaltet ein solcher Snack zusätzlich noch viele wertvolle Vitamine und Antioxidantien. Übrigens: Auch ein gekochtes Ei als Zwischenmahlzeit bringt 7 Gramm Protein und hält außerdem lange satt.

Nüsse

Erdnüsse, Mandeln und Walnüsse sind optimale Lieferanten von wertvollen Proteinen und Omega-3-Fettsäuren, die sich auch in die vegetarische Ernährung wunderbar einfügen. Ob als Knabberei, Mehlersatz oder im Müsli – Nüsse sind besonders vielseitig und natürlich auch sehr lecker!

Hülsenfrüchte

Sojabohnen, rote Linsen, Spalterbsen und Erbsen liefern zwischen 25 und 36 Gramm Protein pro 100 Gramm und somit auch Vegetariern und Veganern jede Menge wertvolle Aminosäuren.

Gemüse

Auch einige Gemüsesorten entpuppen sich bei genauerem Hinsehen als gute Eiweißquellen: Spinat glänzt mit 2,2 Gramm Protein pro 100 Gramm bei gerade einmal 17 Kalorien. Sogar noch übertreffen kann das Brokkoli mit 3 Gramm Protein pro 100 Gramm und nur 24 Kalorien.

Sojaprodukte

Wie auch die Sojabohne selbst, eignen sich Sojaprodukte ebenfalls ganz hervorragend für eine proteinreiche vegetarische Ernährung: Tofu liefert beispielsweise 12 Gramm Protein pro 100 Gramm, lässt sich vielseitig verarbeiten und ist außerdem noch ein leckerer Fleischersatz.

Getreideprodukte

Haferflocken bestechen mit einem Proteingehalt von 13 Gramm pro 100 Gramm und lassen sich besonders gut mit eiweißreichen Milchprodukten und gesundem Obst kombinieren.

Im Klartext heißt das: Eine proteinreiche Ernährung ist auch für Vegetarier gar kein Problem. Wer kein Fleisch isst, sollte seine Proteinquellen möglichst geschickt kombinieren, um ihre biologische Wertigkeit zu erhöhen und alle wichtigen Aminosäuren zu sich zu nehmen. Das sollte auch bei einer vegetarischen Ernährung gut möglich sein, wenn der Speiseplan abwechslungsreich gestaltet wird.

Vegane Ernährung – eine Proteinfalle?

Wer sich vegan ernährt, verzichtet nicht nur auf Fleisch, sondern auch auf alle anderen tierischen Produkte. Laufen Veganer daher Gefahr, nicht ausreichend mit Proteinen versorgt zu sein? Schließlich enthalten doch gerade Fleisch und Milchprodukte viele und außerdem besonders gut verwertbare Proteine.

Bei einer veganen, aber abwechslungsreichen Ernährung wird der Proteinbedarf normalerweise ganz automatisch gedeckt. Vegane Lebensmittel wie Hülsenfrüchte, Gemüse und Nüsse enthalten ausreichende Mengen an lebenswichtigen Proteinen. Um mit allen essenziellen Aminosäuren optimal versorgt zu sein, ist Abwechslung auf dem Speiseplan jedoch besonders wichtig. Mittlerweile sind leckere und proteinreiche Hülsenfruchtprodukte wie Soja-Burger und -Drinks, Tempeh und Tofu schon in den meisten Supermärkten zu finden und bieten Veganern ein vielfältiges Proteinangebot.

Ergänzen lässt sich der vegane Speiseplan außerdem optimal mit Speisehefe und Süßwasseralgen. Obwohl beide Lebensmittel wohl nicht als Hauptmahlzeit taugen, sind sie optimal als proteinreiche und natürliche Nahrungsergänzung geeignet. Viele Hefesorten bestehen etwa zur Hälfte aus Protein. Bierhefe beispielsweise lässt sich perfekt in Suppen, Soßen und Dips verarbeiten.

Die Süßwasseralge Spirulina, die zu 70 Prozent aus Protein besteht, bereichert in Tabletten oder Pulverform den veganen Speiseplan.

Übrigens: Wer ausschließlich Fleisch- und Milchprodukte konsumiert, läuft auf Dauer Gefahr, die Säurelast seines Blutes in die Höhe zu treiben. Das führt dazu, dass Kalzium aus den Knochen verwendet werden muss, um den natürlichen pH-Wert des Körpers wieder ins Gleichgewicht zu bringen – was auf Dauer zu Osteoporose führen kann. Auch für Fleischliebhaber gilt daher: öfter einmal zu veganen Proteinquellen greifen oder vielleicht sogar ein Vegan-Wochenende einlegen!

Geheimtipp nicht nur für Veganer: Seitan!

Der aus Weizeneiweiß hergestellte Seitan lässt sich besonders lecker und vielseitig als Fleischersatz zubereiten. Seitan enthält pro 100 Gramm üblicherweise 25 Gramm Protein und kann so locker mit Fleisch mithalten. Mittlerweile findet man ihn in vielen Supermärkten und kann ihn sich als veganes »Hackfleisch«, »Würstchen« oder »Gyros« schmecken lassen.

Unbekanntes Powerpaket: die Süßlupine

Die Süßlupine ist eine weitere wertvolle, natürliche Proteinquelle, die unseren Speiseplan jeden Tag vielseitig bereichern kann. Die Pflanze aus der Gattung der Schmetterlingsblütler ist zwar in unseren Breiten als Nahrungsmittel – bisher – noch weniger bekannt, vereint aber besonders wertvolle Eigenschaften: Schließlich liefert sie, beispielsweise zu Mehl oder Flocken verarbeitet, nicht nur besonders viel hochwertiges Eiweiß und wenig Kohlenhydrate, sondern gehört auch zu den Pflanzenarten, die uns alle acht essenziellen Aminosäuren spenden können. Während die Samen der Süßlupine in südlichen Ländern gern als Snack geknabbert werden, findet man die glutenfreie Hülsenfrucht bei uns meist in Form von Lupinenmehl oder -schrot.

Mit einem besonders niedrigen Kohlenhydrat- und Fettgehalt von nur knapp 3 Prozent kann die Süßlupine uns gerade in Form von Mehl gute Dienste als Eiweißlieferant leisten. Je nach Sorte und Hersteller bringt es Süßlupinenmehl nämlich auf einen Proteinanteil von etwa 30 bis 40 Prozent und kann mit seinem mild-süßlichen Geschmack bis zu 15 Prozent herkömmlichen Weizenmehls in vielen Rezepten ersetzen. Anders als z. B. Kokos- oder Mandelmehl bindet Lupinenmehl sehr gut, macht Teige elastisch und kann sogar dabei helfen, auf die Zugabe von Eiern zu verzichten. So wird das Mehl der Lupine gerade beim Backen auch für Veganer interessant.

Ganz einfach lässt sich so mithilfe des Lupinenmehls nicht nur die Menge der täglich aufgenommenen Kohlenhydrate reduzieren, sondern auch, im Gegensatz zu tierischen Proteinquellen, die völlig cholesterinfreie Versorgung mit allen essenziellen Aminosäuren sichern.

Vielseitig einsetzbar, kann Lupinenmehl nicht nur Backrezepte eiweißreich ergänzen, sondern eignet sich auch ganz hervorragend zur Zubereitung proteinreicher Shakes und Getränke. Lupinenflocken hingegen machen sich als leckere Müsliergänzung besonders gut. Eingeweicht in Soja- oder Reismilch und später gesiebt, kann mit ihrer Hilfe auch ganz einfach eine sehr proteinreiche Lupinenmilch hergestellt werden.

Die Top 15 proteinreicher Lebensmittel

Fleisch, Fisch und Wurst

Lebensmittel	Proteingehalt pro 100 g
Mageres Rindfleisch, Rumpsteak	30 Gramm
Fettarmer Parmaschinken	26 Gramm
Kasseler	25 Gramm
Thunfisch	24 Gramm
Putenhackfleisch	23 Gramm
Heilbutt	22,8 Gramm
Putenfleisch, Putenbrust, -schnitzel	22 Gramm
Dorade	22 Gramm
Krabben, Garnelen	22 Gramm
Gemischtes Hack	21 Gramm
Rinderhüfte	21 Gramm
Schweinefleisch	21 Gramm
Lachs	20 Gramm
Kochschinken	20 Gramm
Zander	20 Gramm

Milch, Milchprodukte und Eier

Lebensmittel	Proteingehalt pro 100 g
Parmesankäse	30 Gramm
Eiweißshake mit Milch zubereitet	30 Gramm
Harzer Käse	28 Gramm
Milchpulver	26 Gramm
Gouda	22 Gramm

Mozzarella	14 Gramm
Ei	12 Gramm
Ricotta	11 Gramm
Omelett	11 Gramm
Eiweiß	11 Gramm
Frischkäse	10 Gramm
Hüttenkäse	10 Gramm
Joghurt 0,1 %	5,5 Gramm
Buttermilch	3,8 Gramm
Milch 1,5 %	3 Gramm

Vegane Lebensmittel, Gemüse und Nüsse

Lebensmittel	**Proteingehalt pro 100 g**
Süßwasseralgen (Chlorella)	55 Gramm
Mandelmehl	45 Gramm
Sojamehl	42 Gramm
Erdnussmus	28 Gramm
Rote Linsen (trocken)	26 Gramm
Seitan	25 Gramm
Grüne Spalterbsen	24 Gramm
Chia	21 Gramm
Kichererbsen	19 Gramm
Weizenkleie	17 Gramm
Kokosmehl	17 Gramm
Tofu	16 Gramm
Goji-Beeren (getrocknet)	11 Gramm
Sojamilch	3,3 Gramm
Sojajoghurt	2,4 Gramm

Proteinpulver – Diäthelfer und Muskelmacher?

In Sportstudios, Fitnessgeschäften, in der Apotheke und mittlerweile sogar als Bestandteil vieler Rezepte sind Proteinpulver nicht mehr zu übersehen. Fertige Shakes werden gerne im Fitnessstudio angeboten und sollen, neben Muskelaufbau und optimaler Regeneration des Körpers, allerlei Wunder vollbringen. Doch was steckt eigentlich drin im Eiweißpulver und wer braucht es wirklich?

Was steckt im Proteinpulver?

Wie in unserer Nahrung kann auch das im Proteinpulver enthaltene Protein tierischer oder pflanzlicher Herkunft sein. Üblicherweise wird das nahrungsergänzende Pulver mit Wasser oder Milch zu einem Shake gemixt und soll den Muskelaufbau bei Sportlern durch Deckung des erhöhten Proteinbedarfs unterstützen. Gleichzeitig sollen die Shakes hochwertige Proteine möglichst fettfrei verfügbar machen, sättigen und so den Aufbau gerade fettfreier Muskelmasse fördern. Selbstverständlich besteht aber auch Proteinpulver nicht aus reinem Protein, sondern wird durch allerlei Aromen und teilweise auch Geschmacksverstärker oder Zucker ergänzt.

Proteinpulver – welche Arten gibt es?

Verschiedene Arten von Proteinpulvern unterscheiden sich nicht nur durch ihre Zusammensetzung aus tierischen oder pflanzlichen Proteinen, sondern auch in der Wirkung, die durch sie erreicht werden soll.

Whey-Protein

Das wohl bekannteste und beliebteste Proteinpulver ist das Whey-Protein. Hierbei handelt es sich um Molkenprotein, das als Nebenprodukt bei der Käseherstellung entsteht und damit aus Milch gewonnen wird. Mit etwa 104 weist es eine besonders hohe biologische Wertigkeit auf und kann vom menschlichen Organismus darum auch sehr gut verwertet werden. (Auf die biologische Wertigkeit wird ab S. 23 noch näher eingegangen.) Es zeichnet sich durch einen hohen Anteil an wichtigen essenziellen Aminosäuren aus, die schnell ins Blut gelangen, und ist darum gerade zum Aufbau der nach dem Training geschädigten Muskelfasern gut geeignet. Einige Isolat-Produkte glänzen mit einem Fett- und Kohlenhydratgehalt, der bei nur etwa 1 Prozent liegt. Allerdings wirkt Whey-Protein kaum sättigend und ist für Veganer oder bei Laktoseintoleranz nicht geeignet.

Kasein-Protein

Kasein-Proteinpulver basiert auf Milcheiweiß, so wie es auch in einem Glas Milch vorkommt. Entsprechende Produkte bestechen jedoch mit einem Proteinanteil von oft 80 Prozent und sind, im Gegensatz zu Whey-Protein, viel langsamer verdaulich. Entsprechend sind sie weniger gut zum Muskelaufbau geeignet, helfen aber dabei, den Aminosäurespiegel konstant zu halten, und haben einen sättigenden Effekt. Da der Milchzuckeranteil bei Kasein-Proteinprodukten noch höher liegt als bei Whey-Protein, ist auch diese Art des Pulvers bei Laktoseintoleranz oder zur veganen Ernährung nicht geeignet.

Sojaprotein

Im Gegensatz zu Whey- und Kasein-Protein wird Sojaprotein aus pflanzlichen Rohstoffen gewonnen. Wie auch bei natürlichen pflanzlichen Lebensmitteln liegt die biologische Wertigkeit bei Sojaproteinpulvern unter der von Proteinpulvern tierischer Herkunft, das heißt etwa bei 80. Das Pulver kann aber auch bei Laktoseintoleranz gut vertragen werden und passt optimal in eine vegane Ernährung. Isolat-Produkte sind sogar mit einem Proteinanteil von 90 Prozent zu haben!

Andere pflanzliche Proteinpulver

Neben Sojaproteinpulver sind mittlerweile auch Reis-, Erbsen- und Hanfproteinpulver erhältlich. Aber auch bei diesen pflanzlichen Proteinpulvern bleibt die biologische Wertigkeit hinter Produkten tierischer Herkunft zurück. Da Pulver und Shakes aber ohnehin nur zur Nahrungsergänzung und nicht als alleinige Proteinquelle anzusehen sind, dürfte dieser Nachteil zumindest für Hobbysportler zu vernachlässigen sein. Erwähnt werden sollte jedoch, dass gerade Erbsenprotein geschmacklich eher als gewöhnungsbedürftig eingestuft wird.

Mehrkomponenten-Protein

Wie der Name schon erahnen lässt, werden Mehrkomponentenpulver aus verschiedenen Proteinarten hergestellt und sollen so eine ideale Mischung an Aminosäuren bieten. Oft ist in Mehrkomponenten-Produkten auch Eiklarprotein enthalten, das aufgrund seines herben Geschmacks pur eher selten angeboten wird. Bei diesen Produkten sollte allerdings darauf geachtet werden, dass nicht zu große Mengen Weizenprotein enthalten sind. Weizenprotein wird solchen Mischungen oft aus Kostengründen hinzugefügt, weist aber ein schlechteres Aminosäureprofil aus als andere Proteinsorten.

Brauche ich Proteinpulver wirklich?

Niemand ist im Grunde auf Proteinpulver angewiesen, um seinen täglichen Proteinbedarf zu decken. Selbst Leistungssportler können das durch eine sinnvolle Nahrungszusammenstellung bewältigen. Entsprechend sind Proteinpulver auch für Hobbysportler oder Abnehmwillige nicht dringend erforderlich, um ausreichend mit Proteinen versorgt zu sein. Trotzdem können sie unseren Speiseplan auf vielfältige Weise bereichern und eine tolle Alternative sein, wenn wir uns proteinreicher ernähren wollen, und das, ohne zusätzlich viele Kohlenhydrate oder Kalorien aufnehmen zu müssen.

Proteinpulver mal ganz anders

Normalerweise als Shake zubereitet, unterstützen Proteinpulver bei der ausreichenden Versorgung mit Eiweiß. Das macht insbesondere dann Sinn, wenn über die normale Ernährung nicht genug zugeführt wird oder wenn im Rahmen einer Diät Fette und Kohlenhydrate eingespart werden sollen. Als Shake zubereitet halten Proteinpulver außerdem meist lange satt. Sich auf Dauer ausschließlich von Shakes zu ernähren, dürfte aber trotzdem nicht nur unbefriedigend sein, sondern würde auch einen Mangel an wichtigen Vitaminen, Mineralstoffen und anderen Nährstoffen zur Folge haben.
Zum Glück kann Proteinpulver aber auch ganz anders: Nicht nur als Drink kann es nämlich unseren Speiseplan bereichern, sondern auch in vielen anderen Rezepten Verwendung finden, beispielsweise als Mehlersatz. Eine tolle Alternative kann das für diejenigen sein, die sich proteinreich und kohlenhydratarm ernähren, aber trotzdem nicht auf Brot und Gebäck verzichten wollen. Während 100 Gramm herkömmliches Weizenmehl mit 70 Gramm Kohlenhydraten und nur 10 Gramm Eiweiß zu Buche schlägt, enthalten 100 Gramm Proteinpulver durchschnittlich nur ungefähr 8 Gramm Kohlenhydrate und 80 Gramm Protein. Bei einigen Rezepten für Muffins, Kuchen oder Pfannkuchen kann Mehl vollständig durch Proteinpulver ersetzt werden. Da es im Gegensatz zu Weizenmehl aber weniger gut bindet, kommt es auch häufig gemeinsam mit Nuss- oder Vollkornmehl zum Einsatz. Wer Proteinpulver bei der Zubereitung verschiedenster Gerichte einsetzen möchte, sollte jedoch beachten, dass auch hier Protein nicht gleich Protein ist – schließlich haben die verschiedenen Arten auch unterschiedliche Eigenschaften, wenn es ums Kochen und Backen geht.
Bei besonders vielen Rezepten kommt Whey-Protein zum Einsatz. Das hat nicht zuletzt damit zu tun, dass es aufgrund der Gewinnung aus Milch einen dezenten Milchgeschmack hat. Gerade dann, wenn man sich für die geschmacksneutrale Pulvervariante entscheidet, ist dieser besonders angenehm und macht das Pulver sowohl in Cremes, aber auch in Teigen für Pancakes, Kuchen oder Muffins sehr gut einsetzbar. Zu pikanten Speisen passt der Milchgeschmack allerdings weniger gut.
Beim Backen sollte darauf geachtet werden, Whey-Protein mit ausreichend Flüssigkeit und »feuchten« Zutaten wie Quark, Apfelmus oder Eiern zu verwenden. Anderenfalls kann es passieren, dass die Backwaren zu trocken geraten.

… Kasein-Protein

Da es ebenfalls auf Milch basiert, hat auch das Kasein-Proteinpulver einen typisch milchigen Geschmack. Allerdings bindet es besser als Whey-Protein und verleiht Speisen eine saftige, cremige Konsistenz. Ideal geeignet ist es darum nicht nur für die Zubereitung von süßen Backwaren, sondern auch für leckere Cremes, Puddings oder sogar als Kuchentopping.

… Erbsenprotein

Erbsenproteinpulver kommt selbstverständlich ganz ohne Milch aus und unterscheidet sich darum auch geschmacklich sehr von milchbasierten Proteinpulvern. Der herbe, herzhafte Geschmack passt eher weniger zu Shakes, dafür aber besonders gut zu herzhaften Gerichten oder Backwaren. Als Zutat in Brot, Brötchen oder sogar deftigen Suppen ist Erbsenprotein sehr gut geeignet.

... Reisprotein

Reisprotein hat einen dezenten, neutralen Geschmack und kann darum grundsätzlich in herzhaften und süßen Speisen gleichermaßen gut Verwendung finden. Hierbei sollte aber besonders genau auf die Rezeptvorgaben geachtet werden, da Reisprotein leicht klumpt oder das Backergebnis zu trocken werden lässt. Wer mit Reisprotein experimentieren möchte, sollte immer darauf achten, seinem Rezept nicht nur ausreichend Flüssigkeit, sondern auch Zutaten wie Eier, Quark oder Apfelmus hinzuzufügen.

Die biologische Wertigkeit und Qualität

Häufig ist im Zusammenhang mit einer proteinreichen Ernährung – und oft im Zusammenhang mit Proteinpulvern – von der biologischen Wertigkeit des Proteins die Rede. Zu Recht! Denn Protein ist nicht gleich Protein: Und das hat nicht allein etwas mit der Qualität der in Nahrungsmitteln oder in Eiweißpulvern enthaltenen Proteine zu tun, sondern damit, dass Proteine von Natur aus verschieden sind, weil sie in unserem Körper ganz unterschiedliche Aufgaben erfüllen. So sind Kollagene beispielsweise für straffe Haut und festes Gewebe zuständig, wahrend sich Myosine mit der Funktionsfähigkeit unserer Muskulatur befassen. Darüber, wie effizient ein Nahrungsprotein eingesetzt werden kann, um seine Aufgaben im Körper zu erfüllen, gibt die biologische Wertigkeit Auskunft. Da Proteine ja bekanntermaßen aus Aminosäuren bestehen, können vor allem solche Proteine besonders effizient in Körperprotein umgewandelt werden, die in ihrem Aminosäureaufbau körpereigenem Protein ähneln. Eine entsprechend geringere Menge dieser Proteine wird auch gebraucht, um Körperprotein aufzubauen. Eine besondere Bedeutung kommt dabei den essenziellen Aminosäuren zu, also den Aminosäuren, die der Körper nicht selbst herstellen kann. Sind alle essenziellen Aminosäuren in einem Lebensmittel vorhanden, kann es entsprechend effizient verwertet werden.

Die biologische Wertigkeit eines Proteins sagt aus, wie gut es aufgenommen und in Körperprotein umgewandelt werden kann. Üblicherweise geschieht dies besonders gut, wenn das Aminosäureprofil eines Proteins dem des menschlichen Körpers ähnlich ist. Um den eigenen Proteinbedarf zu decken, ist es dann ausreichend, nur eine verhältnismäßig kleine Menge des hochwertigen Proteins aufzunehmen, da dieses eben besonders effizient verwertet wird.

Um verschiedene Proteinquellen miteinander vergleichbar zu machen, ist ein Lebensmittelindex entstanden, der Auskunft über die Wertigkeit einer Proteinquelle gibt. Als Ausgangswert mit einer biologischen Wertigkeit von 100 ist dabei das in Vollei enthaltene Protein festgelegt worden. Hat ein Lebensmittel eine biologische Wertigkeit von mehr als 100, kann das enthaltene Protein sogar noch besser aufgenommen werden als das Volleiprotein.

Proteine mit hoher biologischer Wertigkeit:

Vollei (Referenz)	Wertigkeit:	100
Rindfleisch	Wertigkeit:	92
Thunfisch	Wertigkeit:	92
Milch	Wertigkeit:	88
Soja	Wertigkeit:	84
Quinoa	Wertigkeit:	83
Reis	Wertigkeit:	81
Mais	Wertigkeit:	72

Hierbei fällt auf, dass insbesondere tierische Produkte Proteine mit besonders hoher biologischer Wertigkeit enthalten. Das hängt damit zusammen, dass der Proteinaufbau hier dem Aufbau menschlichen Körperproteins besonders ähnlich ist. Die Wahrscheinlichkeit, dass alle acht essenziellen Aminosäuren in einem Lebensmittel enthalten sind, ist also bei tierischen Produkten besonders groß. Eier und Fleisch dürften somit zu den wichtigsten Proteinquellen für diejenigen gehören, die sich nicht vegetarisch oder vegan ernähren.

Selbstverständlich ist es aber auch nicht sinnvoll, ausschließlich Eier und Fleisch zu sich zu nehmen – schließlich hängt ein gesunder Lebensstil nicht einzig und allein von den in einem Nahrungsmittel enthaltenen Proteinen ab. Besonders wichtig ist es daher, proteinreiche Lebensmittel möglichst geschickt miteinander zu kombinieren, um die biologische Wertigkeit zu erhöhen und damit eine optimale Proteinversorgung zu sichern. Dies hängt damit zusammen, dass die unterschiedlichen in zwei Lebensmitteln enthaltenen Aminosäuren sich gegenseitig ergänzen können und so eine ideale biologische Wertigkeit bzw. Verwertbarkeit erzielen.

Ein beliebtes Kombinationsbeispiel für die Wertigkeitssteigerung ist die Zusammenstellung einer Mahlzeit aus Kartoffeln und Ei. Für sich allein genommen käme man mit Kartoffeln auf eine Wertigkeit von 98. Beim Verzehr eines Hühnereis auf 100. Wenn man eine Mahlzeit mit einem Mischverhältnis von 65 Prozent Kartoffeln und 35 Prozent Ei zu sich nimmt, lässt sich die biologische Wertigkeit auf 137 steigern. Dies belegt, dass sich die biologische Wertigkeit des Nahrungsproteins gegenüber der Wertigkeit beim einzelnen Verzehr der Lebensmittel steigern lässt.

So können z. B. proteinreiche Lebensmittel, die bestimmte essenzielle Aminosäuren kaum aufweisen, mit einem Lebensmittel kombiniert werden, das einen Überschuss dieser Aminosäuren aufweist. Es lassen sich so Nahrungsmischungen zusammenstellen, deren biologische Wertigkeit sogar über 100 liegt:

- 35 Prozent Ei und 65 Prozent Kartoffeln — 137
- 60 Prozent Ei und 40 Prozent Soja — 122
- 71 Prozent Ei und 29 Prozent Milch — 122
- 77 Prozent Rindfleisch und 23 Prozent Kartoffeln — 114
- 55 Prozent Kartoffeln und 45 Prozent Soja — 103
- 52 Prozent Bohnen und 48 Prozent Mais — 99

Was Proteine für uns tun können

Anti-Aging

Unser Körper besteht zum größten Teil aus Proteinbausteinen: den Aminosäuren. Sie werden nicht nur bei körperlicher Aktivität, sondern bei jeder Muskeltätigkeit benötigt. Im Endeffekt bedeutet dies, dass Proteine für jeden Herzschlag, jeden Atemzug sowie für Erneuerungs-, Regenerations- und Aufbauprozesse unseres Körpers absolut notwendig sind. Stellen wir unserem Körper täglich die mindestens benötigte Menge davon zur Verfügung, können wir sicherstellen, dass diese Vorgänge zuverlässig aufrechterhalten werden. Aber Proteine können noch mehr!

So weiß man heute, dass eine proteinreiche Ernährung die Leistungsfähigkeit unseres Körpers steigern kann, uns stressresistenter macht und uns innerlich und äußerlich jünger hält. Beispielsweise ist Kollagen, aus dem unsere Haut besteht und das zum Reparieren von Hautschäden, zur Erneuerung von Körperzellen und für ein straffes Hautbild verantwortlich ist, aus Proteinen gemacht.

Auch bei der Verteidigung des Körpers gegen schädliche freie Radikale, die uns nicht nur optisch altern lassen, sondern auch zahlreiche Krankheiten begünstigen, ist Eiweiß maßgeblich beteiligt: Einer der wirkungsvollen Fänger freier Radikaler, das Glutathion, ist aus drei Aminosäuren – also aus Proteinen – zusammengesetzt. Aufgrund seiner besonders antioxidativen Wirkung hilft Glutathion nicht nur dabei, uns äußerlich jung und darüber hinaus leistungs-

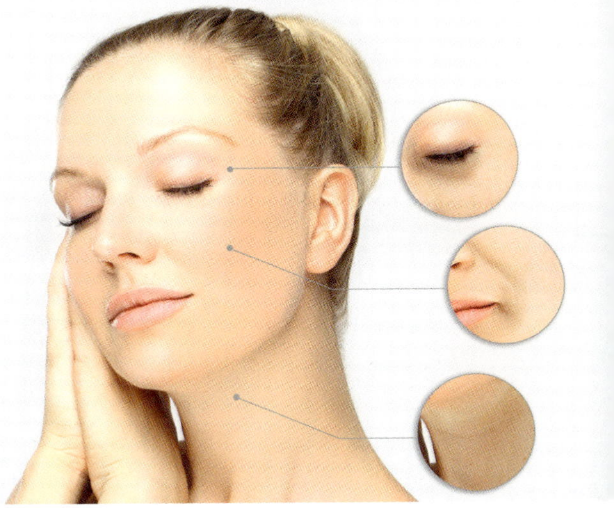

fähig zu erhalten, mittlerweile wird die Proteinkombination auch als Anti-Krebs-Mittel erforscht.

Muskelaufbau

Eine eiweißreiche Ernährung allein baut keine Muskeln auf, das ist klar. Schließlich ist, um das Muskelwachstum anzuregen, ein gewisser Reiz notwendig, der dem Körper mitteilt: »Dieser Muskel ist komplett ausgelastet. Er muss wachsen.« Damit der Muskel diese Botschaft an den Körper sendet, ist es notwendig, dass der Muskel auch tatsächlich belastet wird und erschöpft ist – und das funktioniert einzig und allein durch Training, daran kann auch eine proteinreiche Ernährung nichts ändern. Allerdings kommen dennoch auch hier Proteine ins Spiel und machen den entscheidenden Unterschied: Wie wir ja wissen, bestehen auch unsere Muskeln zum größten Teil aus Protein

und können nur hieraus aufgebaut werden. Wer Krafttraining betreibt, um seinen Körper straff und fit zu erhalten, ist daher auf Proteine als Muskelbausteine angewiesen und sollte darauf achten, eine ausreichende Eiweißmenge zu sich zu nehmen.
Aber auch Ausdauersportler brauchen Eiweiß: Sind nach einem intensiven Training die Kohlenhydratreserven leer, geht es an die Proteinreserven und es wird beispielsweise Muskelmasse abgebaut. Das ist auch für Ausdauersportler nicht wünschenswert und sollte durch proteinreiche Ernährung ausgeglichen werden.

Durch Essen abnehmen: Kalorienabbau durch proteinreiche Lebensmittel?

Wer mehr isst, nimmt auch mehr ab? Ganz so einfach ist es leider auch bei besonders proteinreicher Ernährung nicht – dennoch weisen proteinreiche Lebensmittel eine entscheidende Besonderheit auf: Proteine sind besonders schwer verdaulich. Um ihre Moleküle aufzuspalten, zu zerkleinern und ihnen Energie zu entziehen, muss unser Körper Schwerstarbeit leisten. Dieser Vorgang dauert nicht nur viel länger als beispielsweise bei kohlenhydratreichen Lebensmitteln, sondern kostet selbst auch Energie.
Pauschal lässt sich sagen, dass unser Körper etwa 30 Kalorien aufwenden muss, um einem proteinreichen Lebensmittel 100 Kalorien zu entziehen. Selbstverständlich nimmt man durch diesen Umstand allein noch nicht ab – bemerkenswert ist aber, dass bei Fetten und Kohlenhydraten viel weniger Energie zur Gewinnung von 100 Kalorien aufgewendet wird (etwa 3 Kalorien für Fette und 5–10 Kalorien für Kohlenhydrate). Der thermische Effekt von Eiweiß liegt bei etwa 20 bis 30 Prozent. Der thermische Effekt von Kohlenhydraten beträgt nur 5 bis 10 Prozent, der von Fett 0 bis höchstens 3 Prozent.
Für diejenigen, die Gewicht verlieren möchten, bedeutet das: Zwar nimmt man durch das Essen proteinreicher Lebensmittel allein noch nicht ab. Ersetzt man jedoch kohlenhydrat- und fettreiche Nahrungsmittel durch eiweißreiche Lebensmittel, lässt sich die Kalorienbilanz insgesamt positiv beeinflussen.

Schlank im Schlaf

Eines Morgens schlank aufwachen – was wie ein Traum klingt, erleben wir im Kleinen jeden Tag! Wir gehen abends abgespannt und völlig erledigt ins Bett und wachen am nächsten Morgen erholt und mit neuer Energie wieder auf. Welche Zauberei hier am Werk ist? Unser Regenerationsstoffwechsel. Er sorgt dafür, dass sich die über den Tag hinweg geschädigten Körperzellen regenerieren und belastende Stoffwechselprodukte abtransportiert werden können. Für diesen Vorgang braucht unser Körper

neben Zeit und Ruhe vor allem Energie. Woher diese Energie kommt, haben wir quasi selbst in der Hand: Nehmen wir als letzte Mahlzeit des Tages insbesondere Proteine zu uns, bringt das unseren Insulinspiegel über Nacht zum Absinken. So können nicht nur unsere Verdauung und unser Stoffwechsel in der Nacht optimal arbeiten, sondern auch unsere Fettreserven schmelzen – schließlich stehen unserem Körper zur Energiegewinnung für die Prozesse des Regenerationsstoffwechsels keine Kohlenhydrate (Zucker) zur Verfügung, sodass er darauf angewiesen ist, die nötige Energie aus unseren Fettreserven zu gewinnen.
Durch eine proteinreiche Abendmahlzeit kann also nicht nur die Fettverbrennung über Nacht optimal unterstützt werden, der Stoffwechsel kann auch viel effektiver arbeiten – was sich unter anderem in strafferem Bindegewebe durch einen verbesserten Schadstoffabtransport bemerkbar macht.

Der Kilokick

Auf ganz ähnliche Weise funktioniert auch der Abnehm-Geheimtipp Kilokick. Was komisch klingt, ist eigentlich eine leckere Quarkspeise aus Magerquark, Eiweiß und Zitrone, die uns mit wertvollen Proteinen versorgt und auch noch beim Abnehmen hilft. Immer dann, wenn die Pfunde trotz Diät nicht mehr purzeln wollen, kann der Kilokick (auch als Kur) zum Einsatz kommen. Die Zubereitung der Powermahlzeit ist ganz einfach:
2 Eiweiß werden steif geschlagen und mit dem Saft einer Zitrone unter 250 Gramm Magerquark gehoben. Nach Belieben kann die Speise mit flüssigem Süßstoff gesüßt oder mit Zimt verfeinert werden (Nährwerte: 192 kcal/0,7 g F/11,6 KH/33,8 g P). Die so zubereitete Quarkspeise soll nun die letzte Mahlzeit des Tages ersetzen oder aber nach einer proteinreichen Abendmahlzeit gegessen werden. Der Kilokick kann dabei auch auf zwei Portionen aufgeteilt werden, lässt Protein- und Vitamin-C-Power über Nacht voll zum Einsatz kommen und boostet unseren Stoffwechsel.
Der Kilokick macht sich den nächtlichen Regenerationsstoffwechsel unseres Körpers zunutze. Während wir schlafen, ist unser Körper damit beschäftigt, Schäden zu beheben, die während des Tages entstanden sind. Zusätzlich kosten ihn auch Verdauungs- und Stoffwechselvorgänge Energie. Nehmen wir vor dem Schlafengehen Kohlenhydrate zu uns, wird unser Körper die Energie für seine Regenerationsprozesse aus den schnell verfügbaren Kohlenhydraten beziehen. Ist unsere Abendmahlzeit jedoch der erfrischende Kilokick, stehen keine Kohlenhydrate zur Verfügung, auf die über Nacht zurückgegriffen werden könnte. So bleibt unserem Körper nichts anderes übrig, als die unliebsamen Fettreserven anzugehen, um Energie zu gewinnen. Damit hilft die erfrischende

Proteinbombe, überflüssige Pfunde mit geballter Proteinkraft endlich schmelzen zu lassen. Insbesondere dann, wenn sich unser Körper bei einer Diät an eine reduzierte Kalorienmenge gewöhnt hat, fällt es oft schwer, weiter abzunehmen. Hier setzt der Kilokick an, bringt den Stoffwechsel mit vielen Proteinen und Vitamin C wieder richtig in Schwung und sorgt für einen gesteigerten Grundumsatz. So klappt es auch bei einem Abnehmstillstand wieder mit der Diät!

Proteine + Low Carb

Nicht nur unter Fans einer gesunden Ernährungsweise sind Proteine mittlerweile ein echter Star. Auch im Rahmen vieler Diäten gilt Eiweiß als Geheimwaffe. Insbesondere in Zusammenhang mit Speiseplänen, die sich auf die Reduzierung von Kohlenhydraten konzentrieren, sind Proteine wichtig.
Bei den meisten Low-Carb-Diäten und generell auch bei eiweißreichen Ernährungsformen wird ein Teil der kohlenhydratreichen Nahrungsmittel durch protein- und/oder fettreiche Nahrungsmittel ersetzt. Grundgedanke hierbei ist es, dass der Körper seinen Energiebedarf nun nicht mehr aus Kohlenhydraten, sondern durch den Abbau von Fettdepots decken muss.
Außerdem machen sich solche Diäten den niedrigen glykämischen Index proteinreicher Lebensmittel zunutze. Der glykämische Index gibt Auskunft darüber, wie schnell der Blutzuckerspiegel nach Verzehr eines bestimmten Lebensmittels ansteigt und auch wieder abfällt. Ist der glykämische Index besonders hoch, steigt der Blutzuckerspiegel rasant an und fällt auch genauso schnell wieder ab – mit dem Ergebnis, dass auch ein Hungergefühl zügig wieder aufkommt. Besonders hoch ist der glykämische Index kohlenhydratreicher Lebensmittel, die bei Diäten darum durch proteinreiche Lebensmittel mit einem niedrigen glykämischen Index ersetzt werden.
Um zu verstehen, wie Proteine im Rahmen einer Diät beim Gewichtsverlust helfen können, ist es notwendig, folgende beiden Stoffwechselprozesse zu verstehen.

Glykämischer Index

Ein Aspekt, auf den sich viele High-Protein-Diätansätze konzentrieren, ist der glykämische Index von Lebensmitteln. Der glykämische Index lässt sich in einer Zahl ausdrücken und beschreibt, wie schnell oder langsam ein kohlenhydrathaltiges Lebensmittel verdaut wird und als Glukose zur Verfügung stehen kann. Bei Lebensmitteln mit einem hohen glykämischen Index geht der Verarbeitungsvorgang der Kohlenhydrate zu Glukose besonders schnell und der Körper wird veranlasst, rasch eine große Menge Insulin auszuschütten, um die Glukose weiterverarbeiten zu können. Genauso schnell, wie die Glukose gekommen ist, fällt der Blutzuckerspiegel jedoch anschließend auch wieder ab. In der Folge stellt sich bald wieder ein Hungergefühl ein und der hohe Insulinspiegel sorgt dafür, dass Fett eingelagert und nicht zur Energiegewinnung abgebaut wird. Entsprechend werden bei vielen proteinbasierten Diäten Lebensmittel mit einem hohen glykämischen Index (Lebensmittel mit viel Zucker, aus Weißmehl hergestellte Lebensmittel) gegen eiweißreiche Lebensmittel ausgetauscht, um den Insulinspiegel möglichst konstant zu halten.

Ketose

Der Stoffwechselvorgang, bei dem Fett anstatt Glukose zur Energiegewinnung genutzt wird, nennt sich Ketose. Insgesamt wird mit dem Begriff eine Stoffwechselumstellung beschrieben, die ihren Namen aufgrund der dabei hergestellten Ketonkörper erhält.

Wie schon erwähnt, werden in diesem Zustand zur Energiegewinnung Fette zu Ketonkörpern abgebaut und anstatt Glukose als Energiequelle genutzt. Die Energie für jegliche körperliche Aktivität – von körperlicher Bewegung bis hin zu Denkvorgängen – wird dann aus Nahrungsfetten und schließlich auch aus ungeliebten Fettdepots bezogen. Der Schlüssel zur Stoffwechselumstellung auf die Ketose liegt dabei im sogenannten Hungerzustand: Stehen dem Körper täglich weniger als 50 Gramm an Kohlenhydraten zur Verfügung, stellt sich unser Stoffwechsel auf Ketose um und beginnt, Fett als Energielieferant zu nutzen. Der übrige Energiebedarf wird im Weiteren durch Aminosäuren aus Proteinen gedeckt.

Bei einigen Diäten wird ein nahezu kompletter Verzicht auf Kohlenhydrate angeraten, um gerade in der Anfangsphase eine drastische Gewichtsreduktion zu erreichen.

Unsere Empfehlung: Mit einer Kohlenhydratmenge von 50 bis 100 Gramm täglich kann man gute Abnehmerfolge erzielen. Mit 100 bis 150 Gramm Kohlenhydraten pro Tag lässt sich das Gewicht stabilisieren.

Grundsätzlich sind diese Werte auch individuell abhängig vom persönlichen Grund- und Leistungsumsatz der betreffenden Person (schwere körperliche Arbeit, Sportler).

Hat eine proteinreiche Ernährung Nachteile?

Proteine sind ein Hauptnährstoff und für unseren Körper absolut lebensnotwendig. Teilweise wird aber auch Kritik an einer überwiegend auf Proteinen basierten Ernährung laut. Doch was gibt es auszusetzen an den lebenswichtigen Kraftpaketen?

Eiweißreiche Lebensmittel sind zu teuer!

Leider sind eiweißreiche Lebensmittel wie Fleisch, Fisch und Meeresfrüchte tatsächlich teuer und nicht jeder kann es sich leisten, sich überwiegend hiervon zu ernähren. Das muss aber auch gar nicht sein. Auch Milchprodukte, Eier, Geflügel und pflanzliche Lebensmittel stellen hervorragende Proteinquellen dar, die sich zudem besonders gut kombinieren lassen. Außerdem wird erst durch die Mischung der Lebensmittel für eine optimale Vitamin-, Mineralstoff- und Ballaststoffversorgung gesorgt, die man auch bei einer proteinreichen Ernährung niemals vergessen sollte.

Eiweißreiche Lebensmittel schädigen die Nieren!

Tatsächlich können proteinreiche Lebensmittel nicht vollkommen abgebaut und umgewandelt werden. Ihre Verdauung nimmt mehr Zeit und Energie in Anspruch und in der Tat entstehen Stoffwechselprodukte wie beispielsweise Harnsäure.

Diese Stoffwechselprodukte können jedoch über die Nieren wieder ausgeschieden werden, sodass sie nicht eingelagert werden und den Körper entsprechend auch nicht schädigen können. Eine Grundvoraussetzung gibt es jedoch: ausreichendes Trinken! Wer sich besonders proteinreich ernährt, muss den Nieren durch Trinken quasi unter die Arme greifen. So werden keine schädlichen Abbauprodukte im Körper gelagert und zusätzlich wird auch noch eine gesunde Verdauung unterstützt. Nur wer unter chronischen Nierenproblemen leidet, sollte zur Sicherheit vor der Erhöhung seiner Proteinzufuhr Rücksprache mit seinem Arzt halten.

Jo-Jo-Effekt nach Eiweißdiäten?

Eine proteinreiche Ernährung in Verbindung mit Low Carb ist für eine Gewichtsabnahme besonders gut geeignet. Leicht lassen sich zuckerreiche Dickmacher durch gesunde und proteinreiche Alternativen ersetzen. Aber wie sieht es eigentlich mit dem Jo-Jo-Effekt nach einer Proteindiät aus?

Unter dem Jo-Jo-Effekt versteht man die rasche Gewichtszunahme nach einer Diät. Meistens findet diese genauso schnell wie unerwünscht statt und lässt das Gewicht, nachdem es während der Diät reduziert wurde, wieder rasant in die Höhe schnellen – gerade so wie die Bewegung eines Jo-Jos. Oft ist das Gewicht letztlich sogar höher, als es vor der Diät war. Aber warum?

Wer eine Radikal- oder Blitzdiät macht, stellt seinem Körper über eine gewisse Zeit besonders wenige Kalorien zur Verfügung. Dadurch stellt sich der Stoffwechsel auf »Sparflamme« um, damit er auch mit der kleineren Kalorienmenge auskommen kann. Die geringere Kalorienzufuhr suggeriert dem Körper eine Krisenzeit oder Nahrungsknappheit, auf die er auch mit der Reduzierung seines Grundumsatzes reagiert.

Wer nun nach seiner Diät zu seinen alten Ernährungsgewohnheiten zurückkehrt, nimmt entsprechend zu, und zwar aufgrund des erniedrigten Grundumsatzes sogar noch schneller als vorher. Wenn man sich für eine radikale proteinbasierte Diät entscheidet, ohne seine Ernährung langfristig und gesund umzustellen, wird auch hier der Jo-Jo-Effekt bemerkbar sein. Da ändert die Art der Diät nichts, weil das Phänomen des geringeren Grundumsatzes bei allen Crash- oder Blitzdiäten auftaucht.

Wer jedoch langfristig gesünder leben und sein Gewicht reduzieren möchte, wird nicht daran vorbeikommen, seine Ernährung grundsätzlich umzustellen.

WICHTIG:

Proteine sind stickstoffhaltig und verursachen durch ihren Abbau im Körper Abfallprodukte, die über die Nieren ausgeschieden werden müssen. Ganz egal, ob du Pulver zu dir nimmst oder eine eiweißreiche Ernährung bevorzugst – durch vermehrtes Trinken sollte der Körper bei jeder Form höherer Proteinaufnahme beim Ausscheiden dieser Schadstoffe unterstützt werden.

Für den erfolgreichen Start in eine proteinreiche Ernährung, die der Gesundheit und dem Muskelaufbau dient, findest du im Rezeptteil viele Zubereitungsideen, und das Turbo-Eiweiß-Programm hilft dabei, die Pfunde schmelzen zu lassen.

Turbo-Eiweiß-Programm zum Abnehmen

Mit High Protein und Low Carb zur Wunschfigur

Du willst schnell und nachhaltig dein Gewicht reduzieren? Dieses Ziel kannst du mit dem Turbo-Eiweiß-Programm erreichen: Viel Protein und reduzierte Kohlenhydrate lassen die Pfunde schnell schmelzen.

1. Die Menge macht's: Wie viel Protein brauchst du?

High Protein: Damit das Prinzip funktioniert, musst du zuerst wissen, wie viel Protein dein Körper täglich braucht. Das lässt sich ganz einfach durch folgende Formel errechnen:

1,5 × Körpergewicht = empfohlene Eiweißmenge pro Tag in g

Beispiele auf einen Blick:

- 60 kg → 90 g
- 70 kg → 105 g
- 80 kg → 120 g
- 90 kg → 135 g
- 100 kg → 150 g
- 110 kg → 165 g
- 120 kg → 180 g
- 130 kg → 195 g

2. Weniger ist besser: Kohlenhydrate

Low Carb: Der zweite Baustein des Eiweiß-Turbo-Programms ist die Reduzierung der Kohlenhydrate, wie der Begriff Low Carb schon besagt. Nimm nur zwischen 50 und 100 Gramm Kohlenhydrate pro Tag zu dir.

3. Jetzt wird es ernst: das Turbo-Eiweiß-Programm

Turbo bedeutet: schnell, mit hoher Leistung. Während der Turbophase isst du an 13 Tagen je drei High-Protein-Mahlzeiten und einen Eiweißsnack (Gemüse mit Kräuterquark-Dip, einige Nüsse, ein gekochtes Ei, einen Eiweißshake oder eine Portion Joghurt mit etwas Proteinpulver und Beeren). Die tägliche Kohlenhydratmenge sollte auf 50–100 g beschränkt sein.
Am 14. Tag ist ein Alles-ist-erlaubt-Tag eingeplant, auch Cheat Day genannt. Wenn du Appetit auf Semmeln, Weißbrot, Süßigkeiten oder Fast Food hast: Heute ist der Tag dafür!

4. Erfolgskontrolle: Ziel erreicht? Turbo oder Slow Carb

Du hast dein Wunschgewicht nach der ersten Runde noch nicht erreicht? Dann wiederhole einfach das Programm: 13 Tage Turbophase und ein Cheat Day.
Du hast dein Wunschgewicht erreicht? Herzlichen Glückwunsch! Nun beginnt die Slow-Carb-Phase: an 13 Tagen weiterhin drei eiweißbetonte Mahlzeiten und ein Snack.
Der Unterschied dabei: Jetzt kannst du die Kohlenhydrate langsam auf 100 bis 150 Gramm erhöhen. Am besten geeignet sind komplexe Kohlenhydrate aus Vollkornbrot, Vollkornreis und Hülsenfrüchten. Der 14. Tag ist wieder ein Cheat Day, also alles erlaubt.

Für den kleinen Hunger zwischendurch nimmst du einen Eiweißsnack zu dir; der macht satt und hält den Blutzuckerspiegel stabil.

5. Wunschgewicht dauerhaft halten: So geht's

Um dein Gewicht dauerhaft zu stabilisieren, solltest du die Slow-Carb-Phase möglichst lange beibehalten. Teste behutsam aus, wie viele Kohlenhydrate du essen kannst, ohne wieder zuzunehmen.

Cheat Days lassen sich gut auf Tage mit Familienfesten, besonderen Anlässen oder Essen mit Freunden legen. Es sollten nur nicht zu viele innerhalb kurzer Zeit werden, denn dann ist das Zunehmen wieder vorprogrammiert.

Du möchtest noch weiter abnehmen? Oder hast du vielleicht im Urlaub oder an Feiertagen ein bisschen zugenommen? Kein Problem. Lege einfach wieder eine Turbophase ein.

Hier zwei Tagesbeispiele mit unseren Rezepten:

70 kg–105 g Eiweißbedarf täglich

	Rezepttitel	**Protein in g**	**KH in g**
Frühstück	Apfel-Zimt-Proats (S. 38)	27,2	56,4
Mittag	Hähnchencurry mit Blumenkohlreis (S. 72)	52	22,7
Snack	Apfel-Zimt-Riegel (S. 94)	9,3	5,7
Abend	Gemüse-Ei-Muffins (S. 71)	15,3	4,2
	Gesamt	**103,80**	**89**

80 kg–120 g Eiweißbedarf täglich

	Rezepttitel	**Protein in g**	**KH in g**
Frühstück	Himbeer-Quark-Löffelglück (S. 36)	33,2	29,4
Mittag	Kohlrabi-Koriander-Suppe mit Rindfleischbällchen (S. 57)	30,2	5,3
	dazu 2 Scheiben High-Protein/Low-Carb-Brot (S. 52)	16,6	5,8
Snack	Erdbeer-Protein-Eis (S. 99)	19	8,5
Abend	Protein-Zucchini-Puffer (S. 87)	22,3	2,8
	Gesamt	**121,3**	**51,8**

Wie du hier sehen kannst, muss man sich schon ranhalten, um eine hohe Zufuhr von Proteinen zu erreichen. Mit meinen leckeren Rezepten und den Nährwerttabellen kannst du dich gut vorbereiten und einen persönlichen Ernährungsplan zusammenstellen.
Gerade anfangs ist es empfehlenswert zu notieren, was man gegessen hat, um sich bewusst zu machen, ob man die empfohlene Richtung einhält. Mittlerweile gibt es auch viele gute Apps, die man zum »Tracken« seiner Mahlzeiten nutzen kann.
Eine Vorlage für ein Ernährungstagebuch, App-Empfehlungen und weitere Wochenpläne findest du unter **happyfitfood.de/high-protein-kochbuch.de**.

Auf einen Blick: die Vorteile des Turbo-Eiweiß-Programms

- Das Fett schmilzt.
- Der Stoffwechsel wird angeregt.
- Der Blutzuckerspiegel bleibt stabil.
- Eiweiß sättigt lange.
- Wenn es schnell gehen muss, machen leckere Eiweißshakes satt.
- Viele Mahlzeiten lassen sich gut vorbereiten, lagern oder einfrieren.
- Während des Abnehmens bleiben die Muskeln erhalten.
- Beim Sport wird der Muskelaufbau unterstützt.
- Das Durchhalten fällt leichter als bei reinen Eiweißshake-Diäten oder Formula-Diäten. Grund: Du musst nicht auf den Genuss verzichten und darfst knabbern, kauen, schmecken.
- Mit den abwechslungsreichen Mahlzeiten ernährst du dich ausgewogen und gesund.

Tipps für die Praxis

Trinken:

Ausreichendes Trinken regt den Stoffwechsel an und hält den Körper fit: Empfohlen werden 2 bis 3 Liter täglich. Wenn dir stilles Wasser zu langweilig ist, kannst du leckeren Kräutertee oder würziges Ingwerwasser probieren.

Wichtig:

Falls du an einer Erkrankung der Nieren oder anderer innerer Organe leidest, konsultiere bitte deinen Arzt, wenn du auf eine proteinbetonte Ernährung umstellen möchtest.

Planen:

Wenn du deine Ernährung änderst, ist es gerade in der ersten Zeit hilfreich, die Mahlzeiten genau zu planen und gezielt einzukaufen. Schreibe dir deshalb eine Einkaufsliste.

Vorteile der Mahlzeitenplanung:

- Der Einkauf geht schnell, der Blick fällt gar nicht erst auf die Regale mit den Süßigkeiten.
- Wenn du Hunger bekommst, hast du schon alles da, um zu kochen.

Gehe niemals hungrig einkaufen, denn das verführt zu Pizza, Leberkäsesemmel und anderem Fast Food.
- Du beschäftigst dich nicht zu oft mit dem Essen, das schließt die Versuchung aus, zwischendurch zu naschen.
- Meal Prep: Koche Mahlzeiten für den nächsten Tag vor und bereite auch schnelle Alternativen wie Proteinriegel oder Eiweißshakes auf Vorrat zu.

Nichts muss perfekt sein: An einem aktiven oder stressigen Tag verlangt dein Körper vielleicht nach mehr Kohlenhydraten, dann gib dem ruhig in einem gewissen Rahmen nach. Am nächsten Tag steht dann wieder dein Programm im Vordergrund.
Die Pläne sind nur Vorschläge. Aufgrund von Schwankungen in puncto Portionsgrößen und Nährwerten kann man nie zu 100 Prozent bis auf den letzten Grammpunkt planen.
Falls wirklich Hunger zwischen den Mahlzeiten auftritt, immer etwas Eiweiß zu sich nehmen. Das sättigt und hält den Blutzuckerspiegel stabil, also z. B. ein gekochtes Ei, Mandeln, Früchtequark oder Obst mit Mandeln, Gemüse mit Kräuterquark, einen Eiweißshake ...

Bewegung/Sport:

Der Aufbau von Muskeln unterstützt den Abbau von Fett. Doch du musst nicht zum Leistungssportler werden. Bringe einfach mehr Bewegung in dein Leben. Wie wäre es z. B. mit Spazierengehen, Nordic Walking oder Treppensteigen? Sehr beliebt, auch bei Kindern, ist das Trampolinspringen.
Wenn du intensiver einsteigen willst, probiere kurzes, intensives Training: High Intensity Training (HIT), Intervalltraining, Kettlebell-Training oder Sprints.
Mit dem Turbo-Eiweiß-Programm und unseren leckeren Rezepten kannst du abnehmen, ohne auf Genuss verzichten zu müssen. Lass die Pfunde schmelzen!

Zum Umgang mit den Rezepten

Einige Rezepte lassen sich ganz leicht in eine vegetarische Variante umwandeln. Bitte beachte einfach die Hinweise bei den einzelnen Rezepten.
Der Proteingehalt ist immer besonders hervorgehoben.
Außerdem findest du bei jedem Rezept Nährwertangaben:

- Kcal steht für Kilokalorien
- KH steht für Kohlenhydrate
- F steht für Fett
- P steht für Protein

FRÜHSTÜCK UND SÜSSSPEISEN

Mit einem proteinreichen Frühstück startest du optimal in den Tag und bringst deinen Stoffwechsel auf Trab.

HIMBEER-QUARK-LÖFFELGLÜCK

Pro Portion
33,2 g
Protein

1 Portion • Pro Portion: 392 kcal / 14,1 g F / 29,4 g KH
Vegetarisch, ohne Proteinpulver

10 g Chia-Samen
100 ml Milch (1,5 %)
20 g Haferflocken
50 g tiefgefrorene Himbeeren
etwas Wasser
200 g Magerquark (0,2 %)
20 g Erythrit (oder anderes Süßungsmittel)
ein paar frische Himbeeren
10 g Mandeln

1. Die Chia-Samen in einer Schüssel mit 2/3 der Milch vermengen und 10 Minuten quellen lassen.
2. Währenddessen die restliche Milch in einer Schüssel mit den Haferflocken mischen und beiseitestellen.
3. Als Nächstes die tiefgefrorenen Himbeeren mit einem Schuss Wasser vermengen und in einem Mixer pürieren.
4. Die Chia-Samen gut durchrühren und mit Magerquark und Erythrit mischen.
5. Nun zuerst die Haferflocken, dann die pürierten Himbeeren und schließlich den Chia-Quark in ein Glas schichten und über Nacht oder mindestens 1 Stunde in den Kühlschrank stellen.
6. Vor dem Verzehr mit frischen Himbeeren und knackigen Mandeln belegen.

Tipp:

Für eine vegane Variante kannst du die Milch durch Pflanzendrink, z. B. Mandeldrink, ersetzen und den Magerquark durch eine vegane Quark-Alternative auf Mandelbasis.

KNUSPERMÜSLI

Pro Portion **25,4 g** Protein

2 Portionen • Pro Portion: 387 kcal / 23,3 g F / 5,3 g KH
Vegan, glutenfrei, ohne Proteinpulver

100 g Sojaflocken
15 g gehackte Mandeln
10 g Sonnenblumenkerne
10 g geschälte Hanfsamen
25 g Xylit (oder anderes Süßungsmittel wie z. B. Honig)
2 TL Kokosöl (10 g)
5 g gepuffte Quinoa
½ TL Vanillepulver

1. Den Backofen auf 175 °C Umluft vorheizen.
2. Sojaflocken, Mandeln, Sonnenblumenkerne, Hanfsamen, Xylit und geschmolzenes Kokosöl in einer Schüssel gut miteinander vermischen und auf einem mit Backpapier belegten Backblech verteilen. Müsli ca. 10–15 Minuten im Ofen backen, bis die gewünschte Bräune erreicht ist. Am besten dabeibleiben, da das Müsli sehr schnell anbrennen kann.
3. Anschließend komplett auskühlen lassen und erst dann vom Blech in ein geeignetes Gefäß füllen.
4. Zum Schluss Quinoa und Vanillepulver dazugeben und gut vermischen.

Tipp:

Das Knuspermüsli lässt sich prima vorbereiten und kann jeden Morgen neu kombiniert als Frühstück auf den Tisch, z. B. mit Milch oder Pflanzendrink, wie beispielsweise Sojadrink, oder vermischt mit Joghurt und Früchten.
Anstatt Sojaflocken kann man auch Haferflocken verwenden. Der Proteingehalt ist dann geringer. Durch Zugabe von mehr Mandeln und Hanfsamen kann man den Proteingehalt allerdings wieder erhöhen.

APFEL-ZIMT-PROATS

Pro Portion
27,2 g
Protein

1 Portion • Pro Portion: 388 kcal / 6,2 g F / 56,4 g KH
Vegetarisch, ohne Proteinpulver

1 Apfel, z. B. Elstar oder Royal Gala
2–3 EL + 150 ml Wasser
Zimt
150 ml Milch (1,5 %) oder ungesüßter Mandeldrink
40 g zarte Haferflocken
1 TL Erythrit oder Süßungsmittel nach Belieben, z. B. Honig
150 g Skyr oder Magerquark (0,2 %)

1. Apfel waschen oder schälen, Kerngehäuse entfernen und Fruchtfleisch in Stücke schneiden.
2. 2–3 EL Wasser mit den Apfelstücken und 1 Prise Zimt in einen kleinen Topf geben und Apfel 3–5 Minuten bei niedriger Hitze dünsten. Bei Bedarf noch etwas Wasser hinzufügen. Die Hälfte der Apfelstücke für das Topping beiseitestellen.
3. Die restlichen Apfelstücke im Topf belassen. Milch, 150 ml Wasser, Haferflocken und Süßungsmittel hinzufügen und unter Rühren erst kurz aufkochen und dann 5–10 Minuten bei niedriger Hitze köcheln lassen. Falls die Flüssigkeit verdampft ist, etwas Mandeldrink oder Wasser zufügen.
4. Den Topf vom Herd nehmen und dann Skyr unterrühren.
5. Mischung in eine Schüssel füllen, mit den restlichen Apfelstücken toppen und mit Zimt bestäuben.

Tipp:

Schmeckt auch lecker mit 1 TL Rosinen und 1 TL gehackten Mandeln (Apfelstrudel-Proats).
Für noch mehr Protein: 1–2 EL Proteinpulver (nach Belieben z. B. Whey Vanille) hinzufügen. Das Pulver erst mit Milch und Wasser glatt rühren, dann mit Haferflocken und Süßungsmittel unter Rühren köcheln lassen. Anstatt Magerquark kann man auch eine vegane Quark-Alternative mit Mandelprotein verwenden.

HIGH-PROTEIN-MUFFINS

Pro Portion
15,9 g
Protein

4 Stück • Pro Stück: 237 kcal / 15,2 g F / 4,2 g KH
Vegetarisch, glutenfrei, ohne Proteinpulver

150 g Magerquark (0,2 %)
2 Eier
60 g gemahlene Mandeln
40 g geschrotete Leinsamen
1 TL Salz
1 EL Flohsamenschalen
20 g Sonnenblumenkerne

1. Den Backofen auf 180 °C Umluft vorheizen.
2. Magerquark und Eier in einer Schüssel vermengen.
3. Mandeln, Leinsamen und Salz unterrühren, bis eine gleichmäßige Masse entsteht.
4. Flohsamenschalen dazugeben, alles erneut gut vermengen und die Teigmasse in gefettete Muffinförmchen verteilen und mit Sonnenblumenkernen bestreuen.
5. Muffins ca. 30 Minuten im Ofen backen.

Tipp:

Kann zum Frühstück auch sehr gut mit Butter und einem Fruchtaufstrich nach Wahl kombiniert werden – oder auch deftig mit Schinken, Kräuterquark und Co.

PROTEINWAFFELN

Pro Portion
26,8 g
Protein

2 Portionen • Pro Portion: 258 kcal / 7,5 g F / 19,9 g KH
Vegetarisch, mit Proteinpulver

50 g Mehl, z. B. Dinkelvollkornmehl oder Dinkelmehl Type 630
40 g Proteinpulver, z. B. Whey Vanille
½ TL Backpulver
2 Eier
10 g Puder-Erythrit oder Süßungsmittel nach Belieben
100 ml Milch (1,5 %) oder Pflanzendrink nach Belieben
etwas Öl und Butter zum Auspinseln des Waffeleisens

1. Trockene Zutaten vermengen.
2. Eier, Süßungsmittel und Milch in einer Schüssel verquirlen.
3. Trockene Zutaten hinzufügen und zu einer homogenen Teigmasse verrühren.
4. 1–2 EL Teig in ein gefettetes Waffeleisen geben und ausbacken.
5. Vorgang so lange wiederholen, bis der Teig aufgebraucht ist. Waffeleisen vor Teigzugabe immer wieder fetten.

Tipp:

Schmeckt lecker mit Joghurt oder Skyr und frischen Beeren oder Fruchtmus.

GEFÜLLTE PROTEIN-PFANNKUCHEN

Pro Portion **37,6 g** Protein

2 Portionen • Pro Portion: 268 kcal / 6,7 g F / 12,8 g KH
Vegetarisch, glutenfrei, mit Proteinpulver

Für die Pfannkuchen:
2 Eier
70 g Frischkäse (light)
20 ml Pflanzendrink nach Belieben, z. B. Soja- oder Mandeldrink
30 g Proteinpulver, z. B. Whey Vanille
8 g Flohsamenschalen
20 g Erythrit (oder anderes Süßungsmittel)
1 Prise Zimt
1 Prise Backpulver
Öl oder Butter zum Ausbacken

Für den Schokoquark:
250 g Magerquark (0,2 %)
etwas stilles Wasser
4 Tropfen Flavdrops, Geschmack nach Belieben (optional), oder 10 g Erythrit (bzw. anderes Süßungsmittel)
100 g Beeren wie z. B. Himbeeren, Erdbeeren oder Heidelbeeren

1. Alle Zutaten für den Teig, bis auf die Butter, in einer Schüssel verrühren. 10 Minuten quellen lassen.
2. Den Quark mit etwas stillem Wasser in einer Schüssel zu einer sämigen Creme rühren.
3. Flavdrops oder Süßungsmittel hinzugeben und gut vermengen.
4. Die Beeren waschen und mit Küchenpapier trocken tupfen.
5. In einer kleinen Pfanne (Ø 16 cm) 1 TL Öl oder Butter auf mittlerer Stufe zerlaufen lassen und ¼ des Teiges in die Pfanne füllen. Auf mittlerer Stufe so lange braten, bis die obere Schicht des Pfannkuchens anfängt, trocken zu werden. Danach wenden und für 30 Sekunden auf der anderen Seite braten. Herausnehmen und auf einen Teller legen.
6. Die restlichen 3 Pfannkuchen wie im vorherigen Schritt zubereiten.
7. Die Pfannkuchen einzeln mit etwas Quark bestreichen und mit ein paar Beeren belegen, dann einrollen. Restlichen Quark und Beeren dazu genießen.

PROTEIN-PANCAKES

Pro Portion
33,8 g
Protein

2 Portionen • Pro Portion: 320 kcal / 11,2 g F / 19,4 g KH
Vegetarisch, glutenfrei, mit Proteinpulver

3 Eier
1 Banane
100 g Magerquark (0,2 %)
40 g Proteinpulver, z. B. Whey Vanille
10 g gemahlene Mandeln
2 TL Backpulver (10 g)
Öl oder Butter zum Ausbacken der Pancakes

1. Die Eier trennen. Eigelb beiseitestellen und das Eiweiß steif schlagen.
2. Die Banane schälen, zerdrücken und zum Eigelb geben.
3. Magerquark, Proteinpulver, Mandeln und Backpulver hinzufügen und alles vermengen.
4. Als Letztes das Eiweiß vorsichtig unterheben.
5. In einer Pfanne etwas Öl oder Butter erhitzen und bei mittlerer Hitze aus dem Teig Pancakes backen.

BAKED PROTEIN OATMEAL

Pro Portion
27,3 g
Protein

2 Portionen • Pro Portion: 366 kcal / 7 g F / 42,7 g KH
Vegetarisch, mit Proteinpulver

120 g Beeren nach Belieben, z. B. Heidelbeeren, Himbeeren
1 Banane
1 Ei
80 ml Milch (1,5 %) oder ungesüßter Pflanzendrink
40 g Proteinpulver, z. B. Whey Vanille
1 TL Erythrit oder Süßungsmittel nach Belieben, z. B. Honig
80 g zarte Haferflocken
½ TL Backpulver
Öl zum Fetten der Formen

2 Souffléformen (Ø 12 cm)

1. Den Backofen auf 170 °C Umluft vorheizen.
2. Beeren waschen, trocken tupfen und gegebenenfalls entstielen.
3. Banane schälen, in grobe Stücke brechen und mit Ei und Milch in einem Mixer pürieren.
4. Proteinpulver und Süßungsmittel hinzufügen und alles gut durchmixen.
5. Haferflocken und Backpulver einrühren. Dann die Beeren unterheben.
6. Die Formen einfetten oder mit Backpapier auskleiden. Masse zu gleichen Teilen auf die Formen verteilen.
7. Oatmehl 25–30 Minuten im Ofen backen.

Tipp:

Das Oatmeal kann man auch gut in einer kleinen Kastenform oder eckigen Auflaufform backen. Danach einfach in Riegel- oder Würfelform schneiden für den Snack zum Nachmittagskaffee oder zwischendurch.

PROTEIN-KAISERSCHMARRN

Pro Portion **28,5 g** Protein

2 Portionen • Pro Portion: 299 kcal / 7,4 g F / 29 g KH
Vegetarisch, mit Proteinpulver

2 Eier
1 Prise Salz
120 ml Milch (1,5 %) oder ungesüßter Pflanzendrink
40 g Proteinpulver, z. B. Whey Vanille
1–2 TL Erythrit oder Süßungsmittel nach Belieben, z. B. Honig
70 g Mehl, z. B. Dinkelmehl Type 630
1 Prise Zimt nach Belieben
Butter oder Öl zum Ausbacken

1. Die Eier trennen. Das Eiweiß mit dem Salz in eine Schüssel geben und mit dem Handmixer steif schlagen.
2. Eigelb, Milch, Proteinpulver und Erythrit in einer zweiten Schüssel verrühren.
3. Mehl und Zimt hinzufügen und gut untermischen.
4. Den Eischnee vorsichtig unterheben.
5. Fett in einer Pfanne erhitzen. Die Masse eingießen und auf mittlerer Hitze braten, bis die Unterseite gebräunt ist. Den Fladen mit einem Pfannenwender in der Mitte teilen und die beiden Teile wenden. Wieder etwas braten, bis die Unterseite sich bräunt und dann den Kaiserschmarrn mit dem Pfannenwender in grobe Stücke zerteilen.

Tipp:

Auch lecker: 1–2 TL Rosinen unter den Teig heben. Nach Belieben Kaiserschmarrn vor dem Servieren mit frischen Früchten, Puder-Erythrit oder Puderzucker bestreuen. Anstatt Dinkelmehl funktioniert auch Mandelmehl wunderbar.

QUARKAUFLAUF

Pro Portion
24,7 g
Protein

4 Portionen • Pro Portion: 212 kcal / 3,4 g F / 11,6 g KH
Vegetarisch, glutenfrei

Butter zum Fetten der Form
2 Eier
1 Prise Salz
300 g Magerquark (0,2 %)
150 g Skyr (0,2 %)
50 g Xylit oder Süßungsmittel nach Belieben, z. B. 1–2 EL Honig
40 g Proteinpulver, z. B. Whey Vanille
20 g Puddingpulver Vanille
150 g Himbeeren

Auflaufform (ca. 22 × 22 cm)

1. Den Backofen auf 150 °C Umluft vorheizen und die Auflaufform einfetten.
2. Die Eier trennen. Eiweiß mit dem Salz in eine Schüssel geben und mit dem Handmixer steif schlagen.
3. Eigelb, Magerquark, Skyr, Xylit, Protein- und Puddingpulver in einer zweiten Schüssel verrühren. Den Eischnee vorsichtig unterheben.
4. Masse in die Auflaufform füllen und glatt streichen.
5. Himbeeren waschen, trocken tupfen und auf der Quarkmasse verteilen.
6. Auflauf 25–30 Minuten im Ofen backen. Dann im Ofen auskühlen lassen.

Tipp:

Anstatt Puddingpulver Vanille kannst du auch ca. 15 g Speisestärke vermischt mit etwas Vanillepulver verwenden oder einfach den Proteinpulveranteil um 20 g erhöhen.
Die Himbeeren lassen sich durch andere Beeren ersetzen wie z. B. Heidel- oder Erdbeeren. Der Auflauf schmeckt auch lecker mit Mandarinen aus der Dose.

BROT UND BRÖTCHEN

Eiweißbrot und -brötchen schmecken am besten frisch. Nach mehr als zwei Tagen können sie zäh werden und austrocknen. Ein Aufbewahrungstipp: nach dem Backen und Abkühlen am besten kühl lagern, gerne auch im Kühlschrank.

Proteinbrot lässt sich auch sehr gut portionsweise einfrieren. Einfach in Scheiben schneiden und bei Bedarf auftauen und in den Toaster geben. Gerade auch für morgens eine tolle Toast-Alternative!

EIWEISSBRÖTCHEN

Pro Stück
23,8 g
Protein

4 Brötchen • Pro Brötchen: 162 kcal / 5,4 g F / 3,2 g KH
Vegetarisch, glutenfrei, mit Proteinpulver

2 Eier
150 g Magerquark
75 g neutrales Proteinpulver
120 g Mehl z. B. Dinkelmehl
½ Päckchen Backpulver
1 TL Sonnenblumenkerne
1 TL Sesam
1 TL Chia-Samen
1 TL Leinsamen
1 Prise Salz
Sesam, Kürbis- oder Sonnenblumenkerne oder Chia-Samen zum Bestreuen

1. Den Backofen auf 160 °C Umluft vorheizen.
2. Alle Zutaten in eine Schüssel geben und mit dem Knethaken gut verrühren.
3. Mit einem Löffel 4 runde Kleckse auf ein mit Backpapier ausgelegtes Backblech geben.
4. Nach Belieben z. B. mit Sesam-, Kürbis- oder Sonnenblumenkernen oder Chia-Samen bestreuen.
5. Blech in den Ofen schieben und Brötchen ca. 20 Minuten bis zur gewünschten Bräunung backen.

Variationstipp:

Mit geriebenem Parmesan bestreut erhält man noch eine Portion Eiweiß extra.
Paprikawürfel, Oliven oder Gewürze wie Oregano geben den Brötchen eine besondere Note.

HIGH-PROTEIN-/ LOW-CARB-BROT

Pro Scheibe **8,3 g** Protein

1 Brot / ca. 16 Scheiben • Pro Scheibe: 96 kcal / 4,9 g F / 2,9 g KH
Vegetarisch, glutenfrei, mit Proteinpulver

300 g Magerquark (0,2 %)
3 Eier
60 g geschrotete Leinsamen
50 g Sonnenblumenkerne
40 g gemahlene Mandeln
20 g Chia-Samen
40 g Proteinpulver, z. B. Whey Neutral
1 TL Backpulver
1 TL Salz
1 TL Brotgewürz
10 g gemahlene Flohsamenschalen
Öl zum Einfetten der Form

1. Den Backofen auf 180 °C Ober-/Unterhitze vorheizen.
2. Alle Zutaten bis auf die gemahlenen Flohsamenschalen in einer großen Schüssel miteinander verrühren.
3. Die gemahlenen Flohsamenschalen dazugeben, alles nochmals gut vermengen und 10 Minuten quellen lassen.
4. Eine Kastenform einfetten und mit dem Teig füllen, in den Ofen geben und das Brot auf mittlerer Schiene 20 Minuten backen.
5. Nach den 20 Minuten das Brot mit Aluminiumfolie bedecken und nochmals 25 Minuten auf mittlerer Schiene backen.
6. Um das Brot noch etwas zu bräunen, nun die Aluminiumfolie abnehmen und das Brot noch 5–7 Minuten im Ofen Farbe annehmen lassen. Herausnehmen und abkühlen lassen.

EIWEISSBROT MIT LEINSAMEN UND SONNENBLUMENKERNEN

Pro Scheibe **11,9 g** Protein

1 Brot / 20 Scheiben • Pro Scheibe: 98 kcal / 4,1 g F / 2 g KH
Vegetarisch, glutenfrei, mit Proteinpulver

200 g Proteinpulver, z. B. Whey Neutral
50 g Flohsamenschalen
250 g Magerquark (0,2 %)
250 ml Wasser
50 g Leinsamen
50 g Sonnenblumenkerne
2 Eier
2 TL Salz
1 TL Backpulver
2 EL Olivenöl
Öl zum Einfetten der Form

1. Alle Zutaten bis auf das Öl für die Form in einer Schüssel miteinander vermengen und gut durchrühren.
2. Eine Kastenform gut einfetten.
3. Den Teig hineingeben und gleichmäßig verteilen. 2 Stunden zugedeckt gehen lassen.
4. Den Backofen auf 180 °C Umluft vorheizen, die Form in den Ofen geben und das Brot ca. 45 Minuten backen.
5. Mit dem Stäbchentest prüfen, ob das Brot durch ist.
6. Aus dem Ofen nehmen und vor dem Anschneiden abkühlen lassen.

BANANENBROT

Pro Scheibe **6 g** Protein

Eine kleine Backform (ca. 20 × 10 cm) /
1 Brot / 15 Scheiben • Pro Scheibe: 158 kcal / 11,5 g F / 6,3 g KH
Vegetarisch, glutenfrei, ohne Proteinpulver

4 reife Bananen
3 Eier
1 TL Vanillepulver
2 EL Kokosöl
250 g gemahlene Mandeln
1 TL Backpulver
1 Prise Salz

1. Den Backofen auf 180 °C Ober-/Unterhitze vorheizen.
2. Die Bananen schälen, mit einer Gabel auf einem flachen Teller zerdrücken und mit den Eiern, dem Vanillepulver sowie 1½ EL Kokosöl in einer Schüssel gut vermischen.
3. Anschließend die gemahlenen Mandeln, Backpulver und Salz unterrühren und alles zu einer homogenen Masse vermengen.
4. Eine Kastenform mit dem restlichen Kokosöl einfetten.
5. Den Teig in die Backform füllen und im Ofen backen. Für die angegebene Backform sind es 45–50 Minuten.
6. Nach der Backzeit Form aus dem Ofen nehmen. Brot abkühlen lassen und aus der Backform lösen.

Tipp:

Du kannst das Bananenbrot noch proteinreicher machen, indem du 1 Banane durch 50 g Whey-Proteinpulver nach Geschmack und ca. 100 ml (Pflanzen-)Milch ersetzt. So ergeben sich bei 15 Scheiben folgende Nährwerte: 169 kcal / 11,9 g F / 5,5 g KH / 8,8 g P.

SUPPEN UND SALATE

Wärmende Suppen und frische Salate mit einer Extraportion Eiweiß schmecken lecker und machen satt. Sie können deinen Speiseplan als Vorspeise oder auch als vollwertige Mahlzeit bereichern.

ROTE-LINSEN-CURRY-SUPPE

Pro Portion
24,8 g
Protein

4 Portionen • Pro Portion: 595 kcal / 27,9 g F / 57,2 g KH
Vegan, glutenfrei, ohne Proteinpulver

1 EL Kokosöl
3 Frühlingszwiebeln
1 Knoblauchzehe
Ingwer (2 cm groß)
2 EL Tomatenmark
2 EL Currypulver
½ TL Chilipulver
400 g Tomaten (oder gehackte Tomaten aus der Dose)
1 l Gemüsebrühe
400 ml Kokosmilch (aus der Dose)
350 g getrocknete rote Linsen
Salz, Pfeffer
zum Garnieren: frischer Koriander

1. Das Kokosöl in einem Topf bei mittlerer Hitze zum Schmelzen bringen.
2. Frühlingszwiebeln waschen, putzen und klein schneiden. Knoblauch und Ingwer schälen. Ingwer raspeln.
3. Frühlingszwiebeln und Ingwer in den Topf geben, Knoblauch dazupressen, alles ein paar Minuten andünsten.
4. Nun kommt das Tomatenmark, das Currypulver und das Chilipulver dazu. Ein paar Minuten weiterdünsten.
5. Tomaten waschen, putzen und würfeln.
6. Gemüsebrühe, Kokosmilch, gewürfelte Tomaten und die Linsen in den Topf geben. Mit geschlossenem Deckel zum Kochen bringen und ca. 20–30 Minuten bei geringer Hitze kochen lassen, bis die Linsen weich sind.
7. Mit Salz und Pfeffer abschmecken und mit Koriander garniert anrichten.

KOHLRABI-KORIANDER-SUPPE MIT RINDFLEISCHBÄLLCHEN

Pro Portion
30,2 g
Protein

4 Portionen • Pro Portion: 350 kcal / 22,8 g F / 5,3 g KH
Glutenfrei, ohne Proteinpulver

500 g Kohlrabi
2 l Wasser
Salz
500 g Rinderhackfleisch
1 Ei
1 TL Guarkernmehl oder Paniermehl
1 EL frische Petersilie
Pfeffer
Öl zum Anbraten
15 g frischer Koriander
1 EL Frischkäse
Paprikapulver, Currypulver, Muskatnuss

1. Kohlrabi schälen, in Stücke schneiden und in einem Topf mit kochendem Salzwasser gar kochen.
2. Petersilie waschen, trockenschütteln und hacken.
3. In der Zwischenzeit das Hackfleisch mit dem Ei und dem Guarkernmehl vermengen. Mit Petersilie, 1 TL Salz und etwas Pfeffer würzen. Aus der Fleischmasse ca. 2–3 cm große Bällchen formen.
4. Eine Pfanne mit Öl erhitzen. Fleischbällchen darin von allen Seiten gut anbraten. Die Kohlrabistücke im Topf pürieren. Gegebenenfalls etwas Wasser hinzugeben.
5. Den Koriander waschen, trockenschütteln, hacken und in die Suppe geben. Den Frischkäse einrühren.
6. Nach Belieben mit Paprikapulver, Pfeffer, Currypulver, Muskatnuss und Salz würzen. Zum Servieren die Suppe auf tiefe Teller verteilen und die Rindfleischbällchen hineingeben.

Tipp:

Vegane Variante: statt Frischkäse 1 EL Cashewmus verwenden und als Eiweißbeilage z. B. geräucherte Tofuwürfel.

THAI-CURRY-SUPPE MIT GARNELEN

Pro Portion **24,6 g** Protein

2 Portionen • Pro Portion: 390 kcal / 24,5 g F / 14,3 g KH
Glutenfrei, ohne Proteinpulver

200 g tiefgefrorene Garnelen
1 Stück Ingwer (1 cm groß)
1 EL Olivenöl
200 g gehäutete Tomaten (frisch oder aus der Dose)
1 EL (rote) Currypaste
400 ml Hühnerbrühe
optional: 2 EL Fischsoße
1 Stängel Zitronengras
200 ml ungesüßte Kokosmilch (aus der Dose)
Salz, Pfeffer
1 TL Xylit (oder anderes Süßungsmittel)
1 EL Limettensaft
optional für etwas mehr Schärfe: 1 rote Chilischote, Cayennepfeffer

1. Verzehrfertige TK-Garnelen auftauen lassen, kurz abspülen und in einem Sieb abtropfen lassen.
2. Ingwer schälen, hacken und in einem Topf mit Olivenöl andünsten.
3. Tomaten klein hacken und mit Currypaste in den Topf geben, etwas andünsten und mit Hühnerbrühe und Fischsoße ablöschen.
4. Zitronengras hinzufügen. Suppe bei kleiner Hitze etwa 10 Minuten köcheln lassen. Zitronengras wieder herausnehmen.
5. Kokosmilch einrühren und alles pürieren. Mit Salz, Pfeffer, Xylit und Limettensaft würzen und kurz aufkochen.
6. Die Garnelen hinzufügen und 3–5 Minuten bei kleiner Hitze durchgaren. Bei Bedarf noch etwas Schärfe zugeben.

Variationen:

Schmeckt auch toll mit scharf gebratenen Garnelen. Dazu Garnelen in 1 EL Olivenöl und 1 TL Sambal Oelek marinieren und dann in der Pfanne kurz anbraten.

Vegane Variante: Gemüsebrühe anstatt Hühnerbrühe und Fischsoße verwenden. Statt Garnelen kannst du auch geräucherten Tofu oder Quinoa benutzen.

GRÜNE PROTEINSUPPE

Pro Portion
21,9 g
Protein

2–3 Portionen • Pro Portion (bei 2 Portionen): 363 kcal / 9,2 g F / 44,3 g KH
Vegan, glutenfrei, ohne Proteinpulver

1 EL Öl, z. B. Olivenöl
2 große Zwiebeln
3 Stängel Petersilie
1 Stange Lauch
400 g Erbsen
600 ml Gemüsebrühe
evtl. etwas Salz
etwas Crème fraîche oder saure Sahne

1. Das Öl in einen großen Topf geben und bei mittlerer Hitze erwärmen.
2. Die Zwiebeln schälen, klein würfeln und kurz anbraten, bis sie glasig sind.
3. Petersilie waschen, trockenschütteln und hacken. Lauch putzen, waschen und klein schneiden.
4. Erbsen, Gemüsebrühe, Petersilie und Lauch in den Topf geben und Suppe ca. 20 Minuten köcheln lassen.
5. Wer in seiner Suppe noch ein paar ganze Erbsen haben möchte, schöpft ein paar Erbsen ab, sobald sie bissfest gegart sind. Die restliche Suppe wird püriert.
6. Falls die Suppe zu dickflüssig ist, einfach noch etwas Brühe hinzugeben.
7. Zum Schluss bei Bedarf noch mit etwas Salz abschmecken und die bissfesten Erbsen unterheben.
8. Mit einem Klecks Crème fraîche oder saurer Sahne servieren.

Tipp:

Zu der Suppe passen Würstchen (für Veganer aus Seitan) sehr gut.

AVOCADO-LACHS-SALAT

Pro Portion **32,8 g** Protein

1 Portion • Pro Portion: 479 kcal / 31,6 g F / 13,3 g KH
Glutenfrei, ohne Proteinpulver

100 g Blattsalat
⅓ Salatgurke
½ Avocado
100 g geräucherter Lachs
8 g Pinienkerne

Für das Dressing:
75 g Magerquark (0,2 %)
1 Schuss Milch
1 Knoblauchzehe
etwas getrockneter Dill
Salz, Pfeffer

1. Den Salat waschen, trockenschütteln und in mundgerechte Stücke zupfen.
2. Gurke schälen, Avocado halbieren, entkernen und Fruchtfleisch aus der Schale heben. Gurke klein schneiden. Avocado in Scheiben schneiden, Lachs auf den Salat geben.
3. In einer Pfanne ohne Öl die Pinienkerne anbraten und dann mit den vorbereiteten Zutaten in eine Schüssel geben.
4. Für das Dressing Magerquark mit 1 Schuss Milch vermengen. Knoblauch schälen und in den Quark pressen.
5. Dressing mit Dill, Salz und Pfeffer würzen.
6. Den Salat mit dem Quarkdressing servieren.

BUNTER THUNFISCHSALAT

Pro Portion **21,6 g** Protein

2 Portionen • Pro Portion: 236 kcal / 13,1 g F / 11 g KH
Glutenfrei, ohne Proteinpulver

- 200 g Salatgurke
- 10 Kirschtomaten
- 1 gelbe Paprikaschote
- 3 Stängel Petersilie
- 1 kleine rote Zwiebel
- 150 g Thunfisch im eigenen Saft aus der Dose
- 40 g schwarze entsteinte Oliven (optional)
- 2 EL Essig, z. B. weißer Balsamico
- 1 EL Öl, z. B. Olivenöl
- 1 Prise Erythrit oder Süßungsmittel nach Belieben
- Salz, Pfeffer

1. Gemüse waschen und putzen. Gurke erst in Scheiben, dann in kleine Stücke schneiden. Tomaten halbieren. Paprikaschote in feine Streifen schneiden.
2. Petersilie waschen, trockenschütteln und hacken. Zwiebel abziehen, halbieren und in Scheiben schneiden.
3. Thunfisch abtropfen lassen und mit einer Gabel in Stücke zerteilen.
4. Gemüse, Petersilie, Zwiebel, Thunfisch und Oliven in eine Schüssel geben.
5. Essig, Öl und Süßungsmittel hinzufügen, mit Salz und Pfeffer würzen und Salat gut durchmischen.
6. Salat ca. 10 Minuten ziehen lassen, dann erneut mit Salz und Pfeffer abschmecken.

POWERSALAT SCHWARZ-ROT

Pro Portion
17,1 g
Protein

2–3 Portionen (als Vor- bzw. Zuspeise) • Pro Portion (bei 3 Portionen): 320 kcal / 11,5 g F / 29,9 g KH
Vegan, glutenfrei, ohne Proteinpulver

1 l Wasser
Salz
200 g Belugalinsen (schwarze Linsen)
1 kleine rote Zwiebel
6 Cherrytomaten
½ Bund Petersilie

Für das Dressing:
1 EL Dijonsenf
1 EL körniger Senf
Saft einer Limette
3 EL Essig, z. B. Weißweinessig
2 EL Öl, z. B. Olivenöl
grobes Meersalz

1. In einem Topf 1 l gesalzenes Wasser zum Kochen bringen.
2. Sobald das Wasser kocht, die Linsen hinzufügen und bei mittlerer Hitze ca. 20 Minuten kochen. Dann Linsen durch ein Sieb abschütten und zur Seite stellen.
3. Für die Vinaigrette Senf, Limettensaft, Essig, Öl und eine gute Prise Meersalz vermengen.
4. Zwiebel schälen, in feine Ringe schneiden. Tomaten waschen, putzen und vierteln. Petersilie waschen, trockenschütteln und hacken.
5. Zwiebel, Tomaten, Petersilie und Vinaigrette in einer großen Schüssel mit den Linsen mischen und alles kurz durchziehen lassen.

CHILI-CHICKEN-SALAT

Pro Portion **43,5 g** Protein

2 Portionen • Pro Portion: 286 kcal / 7 g F / 10,8 g KH
Glutenfrei, ohne Proteinpulver

250 g Hähnchenbrustfilet
Salz, Pfeffer
Öl zum Anbraten
150 g Feldsalat
120 g Cherrytomaten
125 g Mini-Mozzarella leicht

Für das Dressing:
1 kleine Knoblauchzehe
4 Stängel Oregano oder andere frische Kräuter
½–1 TL Chiliflocken
15 g Honig
3 EL Aceto Balsamico
1 Schuss heißes Wasser
Salz, Pfeffer

1. Das Hähnchenfleisch waschen, mit einem Küchenpapier trockentupfen, mit Salz und Pfeffer würzen und bei mittlerer Hitze in einer Pfanne mit Öl von jeder Seite etwa 3–4 Minuten braten.
2. Den Feldsalat waschen, trockenschütteln und in eine Servierschüssel geben. Tomaten waschen, würfeln, Mozzarella ganz belassen oder evtl. halbieren und beides zum Salat geben.
3. Für das Dressing Knoblauchzehe schälen und in eine Schüssel pressen.
4. Oregano waschen, trockenschütteln und fein hacken.
5. Kräuter, Chiliflocken, Honig und Balsamico zum Knoblauch geben, 1 Schuss heißes Wasser hinzufügen und alles gut vermengen. Dressing mit Salz und Pfeffer abschmecken.
6. Das gebratene Fleisch klein schneiden, auf den Salat legen, alles mit dem Dressing übergießen und servieren.

Tipp:

Wer auf die Kohlenhydrate achten möchte, kann den Honig auch durch Xylit ersetzen. So hat der Salat nur 5,2 g KH pro Portion.

BOHNEN-GURKEN-FETA-SALAT

Pro Portion
22,1 g
Protein

2 Portionen • Pro Portion: 294 kcal / 11,8 g F / 21,3 g KH
Vegetarisch, glutenfrei, ohne Proteinpulver

200 g Salatgurke
10 Kirschtomaten
3 Stängel Petersilie
250 g weiße Bohnen aus der Dose
100 g Fetakäse (12 %)
Saft von ½ Zitrone
1 EL Öl, z. B. Olivenöl
1 Prise Erythrit oder Süßungsmittel nach Belieben
Salz, Pfeffer

1. Gemüse waschen und putzen. Gurke erst in Scheiben, dann in kleine Stücke schneiden, Tomaten vierteln.
2. Petersilie waschen, trockenschütteln und hacken.
3. Weiße Bohnen in ein Sieb geben, mit Wasser abbrausen und abtropfen lassen.
4. Gemüse und Bohnen in eine Schüssel geben, Fetakäse darüberbröckeln, restliche Zutaten (außer der Petersilie) hinzufügen und alles gut durchmischen.
5. Salat ca. 10 Minuten ziehen lassen und mit Salz und Pfeffer abschmecken. Mit gehackter Petersilie bestreuen.

HERZHAFTE GERICHTE

Ob zu Mittag, abends oder als Zwischenmahlzeit: Mit den herzhaften, eiweißreichen Rezepten bist du den ganzen Tag über mit reichlich Protein versorgt.

ONE PAN – LACHS MIT GRILLGEMÜSE

Pro Portion **28,4 g** Protein

2 Portionen • Pro Portion: 505 kcal / 26,1 g F / 32 g KH
Glutenfrei, ohne Proteinpulver

1 großes oder 2 kleinere Lachsfilets (pro Portion ca. 125 g)
6 Stängel Oregano
2 Bio-Limetten
1 Knoblauchzehe
Salz, Pfeffer
300 g festkochende Kartoffeln
100 g Kirschtomaten
6 Schalotten oder 2 Zwiebeln
3 EL Öl, z. B. Olivenöl
Gewürze nach Belieben
Fett für das Blech

1. Lachs mit Wasser abbrausen und mit Küchenpapier trocken tupfen.
2. Oregano waschen, trockenschütteln und 3 Stängel fein hacken. Den Rest kleiner zupfen und beiseitelegen.
3. 1 Limette auspressen. Den Saft in einer Schüssel mit dem gehackten Oregano vermischen. Die Knoblauchzehe schälen, hinzupressen und unterrühren.
4. Lachs mit Salz und Pfeffer würzen, dann mit der Oregano-Knoblauch-Marinade bestreichen und möglichst 30 Minuten durchziehen lassen.
5. Derweil die Kartoffeln schälen und in dünne Scheiben schneiden (ca. 0,5 cm). Tomaten waschen, Schalotten abziehen und in längliche Viertel schneiden.
6. Kartoffeln, Tomaten, Schalotten und restlichen Oregano in eine Schüssel geben, 2 EL Öl und Gewürze nach Belieben hinzufügen und alles gut durchmischen. Ebenfalls etwa 30 Minuten ziehen lassen.
7. Den Backofen auf 180 °C Umluft vorheizen. Ein Backblech oder eine Auflaufform einfetten oder mit Backpapier auslegen.
8. Das Gemüse auf dem Blech verteilen und etwa 15 Minuten im Ofen garen.
9. Das restliche Öl in einer Pfanne erhitzen und den Lachs darin von beiden Seiten scharf anbraten.
10. Mit dem Pfannenwender das Gemüse wenden und den Lachs daraufsetzen. Weitere 10 Minuten im Ofen garen.
11. Die restliche Limette halbieren und jeweils 1 Hälfte beim Servieren auf 1 Teller legen. Nach Belieben etwas Limettensaft über Fisch und Gemüse träufeln.

Tipp:

Dazu schmeckt ein leckerer Kräuter-Dip aus 200 g Magerquark, 2 EL Schmand oder Crème fraîche, 1–2 EL frisch gehackten Kräutern wie z. B. Petersilie, Salz und Pfeffer. Das sorgt auch gleich für noch mehr Protein auf dem Teller. Das Gemüse lässt sich nach Belieben austauschen, gut schmeckt auch eine Mischung aus Zucchini, Tomaten und Auberginen.
Für etwas mehr Schärfe eine ganze oder gehackte Chilischote unter das Gemüse mischen.

LACHSOMELETT

Pro Portion
23,1 g
Protein

2 Portionen • Pro Portion: 286 kcal / 18,8 g F / 3,8 g KH
Glutenfrei, ohne Proteinpulver

3 kleine Eier
40 ml Milch (1,5 %)
Salz, Pfeffer, Muskatnuss gemahlen
Öl zum Braten

50 g Mozzarella
60 g Kirschtomaten
85 g geräucherter Lachs

1. Die Eier zusammen mit der Milch und den Gewürzen in einer Schüssel ordentlich aufschlagen und in eine vorgeheizte Pfanne (Ø ca. 24 cm) mit etwas Öl geben.
2. Die Pfanne mit einem Deckel verschließen und das Ganze auf mittlerer Hitze etwa 5 Minuten braten lassen.
3. Währenddessen den Mozzarella klein schneiden, die Tomaten waschen, putzen und halbieren. Beides nach den 5 Minuten zusammen mit dem klein geschnittenen Lachs auf das Omelett verteilen.
4. Den Deckel wieder auf die Pfanne geben und das Omelett noch weitere 5–10 Minuten braten lassen.

GEMÜSE-EI-MUFFINS

Pro Portion **15,3 g** Protein

6 kleine Muffins / 2 Portionen • Pro Portion: 93 kcal / 2,8 g F / 4,2 g KH
Vegetarisch, ohne Proteinpulver

50 g rote Paprikaschote
50 g Zucchini
50 g Brokkoli
1 Ei
2 Eiweiß
Gewürze nach Wahl
50 g Magerquark (0,2 %)
Fett für die Form

1. Den Backofen auf 180 °C Umluft vorheizen.
2. Gemüse waschen, putzen und abtropfen lassen, danach in kleine Stücke schneiden.
3. Ei und Eiweiß in einer Schüssel verquirlen, nach Belieben würzen und mit dem Quark verrühren. Anschließend das Gemüse dazugeben und ordentlich vermischen.
4. Muffinform etwas einfetten oder Backförmchen in die Mulden geben, dann Masse einfüllen.
5. Form in den Ofen geben und 20–30 Minuten bei 180 °C Umluft backen.

Variationen:

Mit Schinken- oder Speckwürfeln kannst du diese herzhaften Muffins noch etwas aufpeppen.

HÄHNCHENCURRY MIT BLUMENKOHLREIS

Pro Portion **52 g** Protein

2 Portionen • Pro Portion: 429 kcal / 11,7 g F / 22,7 g KH
Glutenfrei, ohne Proteinpulver

Für das Curry:
1 rote Paprikaschote
1 kleine Zucchini
2 Frühlingszwiebeln
350 g Hähnchenbrustfilet
1 EL Öl, z. B. Olivenöl
Salz, Pfeffer
1 ½ EL Currypulver
200 ml Hühnerbrühe
1 Handvoll Petersilie
1 EL Naturjoghurt

Für den Blumenkohlreis:
1 Blumenkohl
Pflanzenöl zum Anbraten
Salz, Pfeffer

1. Zuerst das Gemüse vorbereiten: putzen, waschen und klein schneiden.
2. Das Fleisch waschen, mit Küchenpapier trockentupfen und in große Würfel schneiden.
3. Danach Öl in einer hohen Pfanne erhitzen und das Fleisch bei starker Hitze kurz anbraten.
4. Nun das Fleisch auf einen Teller legen und mit Salz und Pfeffer von beiden Seiten würzen.
5. Das Currypulver im übrigen Bratfett kurz anbraten und einen Schuss der Hühnerbrühe dazugeben.
6. Das klein geschnittene Gemüse dazugeben und ebenfalls kurz anbraten.
7. Dann die restliche Hühnerbrühe hineingießen und alles mit Deckel etwa 3 Minuten köcheln lassen.
8. Das Fleisch unterrühren und weitere 10 Minuten bei niedriger Hitze ziehen lassen.
9. Währenddessen den Blumenkohl in einem Mixer klein häckseln und in einer hohen Pfanne oder einem Topf mit etwas Öl bei hoher Hitze anbraten, bis der Blumenkohl gar ist. Mit Salz und Pfeffer abschmecken.
10. Petersilie waschen, trockenschütteln und hacken.
11. Das Hühnchencurry vom Herd nehmen, Naturjoghurt unterrühren und mit Salz und Pfeffer abschmecken. Mit Petersilie bestreut servieren.

PROTEINREICHE LOW-CARB-PIZZA

Pro Portion
35,1 g
Protein

1 runde Pizza (Ø 26 cm)
2 Portionen • Pro Portion: 349 kcal / 18,2 g F / 9,2g KH
Vegetarisch, ohne Proteinpulver

1 große Zucchini (ca. 300 g)
50 g Parmesan, gerieben
200 g Mozzarella (8,5 %), gerieben
1 Ei
1 Knoblauchzehe
150 ml passierte Tomaten (aus der Dose)
Salz , Pfeffer, Oregano getrocknet
3–4 Kirschtomaten

1. Den Backofen auf 180 °C Umluft vorheizen.
2. Die Zucchini putzen, gut waschen, abtrocknen und grob raspeln.
3. Die Zucchiniraspel in ein sauberes, trockenes Küchentuch wickeln und sehr gut auspressen, bis kaum noch Flüssigkeit aus dem Tuch tropft.
4. Anschließend die Zucchiniraspel mit Parmesan, 60 g Mozzarella, dem Ei und ½ TL Salz in einer Schüssel vermengen. Den Teig nun auf einem mit Backpapier ausgelegten Backblech zu einem großen Kreis formen und andrücken. Dabei sollte der Boden ca. ½ cm hoch sein.
5. Blech in den Ofen schieben und Pizzaboden ca. 20 Minuten vorbacken.
6. Knoblauch schälen und pressen.
7. Die passierten Tomaten mit Salz, Pfeffer, gepresstem Knoblauch und 1–2 TL Oregano abschmecken.
8. Tomaten waschen und in Scheiben schneiden.
9. Den Boden aus dem Ofen nehmen und mit der Tomatensoße bestreichen.
10. Dann restlichen Mozzarella darauf verteilen und mit Tomaten belegen.
11. Nochmals in den Ofen geben und in ca. 15 Minuten bei 200 °C Umluft backen, bis der Käse die gewünschte Bräune erreicht hat.

ZUCCHINISPAGHETTI MIT AVOCADO-SPINAT-PESTO

Pro Portion **25,4 g** Protein

2 Portionen • Pro Portion: 467 kcal / 31,4 g F / 14,5 g KH
Vegan, ohne Proteinpulver

Für das Pesto:
20 g Walnüsse
½ Avocado
50 g frischer Blattspinat
1 Knoblauchzehe
1 EL Olivenöl
1 Spritzer Zitronensaft
Salz, Pfeffer

Für die Spaghetti:
175 g geräucherter Tofu
3 mittelgroße Zucchini (je 200 g)
1 EL Olivenöl
1 Knoblauchzehe
200 g frischer Blattspinat

1. Walnüsse in einer Pfanne ohne Öl anrösten und etwas abkühlen lassen.
2. Avocado halbieren, entkernen und Fruchtfleisch aus der Schale heben. Spinat waschen, trockenschütteln. Knoblauch schälen. Alle Zutaten für das Pesto in den Mixer geben und zu einer cremigen Masse verarbeiten.
3. Den Tofu in kleine Würfel schneiden. Die Zucchini waschen, putzen und mit einem Spiralschneider oder einem Sparschäler in »Nudelform« schneiden.
4. Zuerst die Tofuwürfel in einer Pfanne mit etwas Olivenöl scharf anbraten, aus der Pfanne nehmen und warm stellen.
5. Danach die Knoblauchzehe schälen und in die Pfanne pressen. Wenn nötig, noch etwas Öl hinzufügen.
6. Spinat waschen und trockenschütteln.
7. Danach die Knoblauchzehe schälen und in die Pfanne pressen. Die Zucchinispaghetti und die Hälfte des Spinats in die Pfanne geben und wenige Minuten andünsten.
8. Den restlichen Spinat auf den Tellern verteilen und mit Pesto und Spaghetti anrichten.

KALBSFILET MIT GERÖSTETEM GEMÜSE UND AVOCADO

Pro Portion
31,4 g
Protein

1 Portion • Pro Portion: 523 kcal / 38,5 g F / 8,8 g KH
Glutenfrei, ohne Proteinpulver

100 g Blumenkohl
50 g rote Paprikaschote
100 g grüner Spargel
Salz, Pfeffer
2 EL Olivenöl
50 g Avocado
1 Stück Kalbsfilet (ca. 130 g)

1. Den Backofen auf 180 °C Umluft vorheizen.
2. Das Gemüse putzen und gründlich waschen.
3. Den Blumenkohl in Röschen zerteilen und die Paprikaschote in kleine Stückchen schneiden.
4. Die Blumenkohlröschen, Paprikastückchen und den grünen Spargel auf einem Backblech verteilen, mit Salz und Pfeffer würzen und mit 1 EL Olivenöl beträufeln. Blech in den Ofen schieben und Gemüse 15–20 Minuten rösten.
5. In der Zwischenzeit die Avocado halbieren, entkernen, das Fruchtfleisch aus der Schale heben und in mundgerechte Stücke schneiden.
6. Kurz bevor das Gemüse aus dem Ofen fertig ist, in einer Pfanne 1 EL Öl erhitzen und das Kalbsfilet 1–2 Minuten braten (je nach Belieben medium oder well done).
7. Zum Servieren das Kalbsfilet mit dem gerösteten Gemüse und der Avocado auf einem Teller anrichten.

GEFÜLLTE SÜSSKARTOFFEL MIT POCHIERTEM EI, SPINAT UND KRÄUTERQUARK

Pro Portion **25,4 g** Protein

2 Portionen • Pro Portion: 599 kcal / 13,1 g F / 85,6 g KH
Vegetarisch, glutenfrei, ohne Proteinpulver

2 große Süßkartoffeln
½ Zwiebel
1 EL Olivenöl
300 g frischer Blattspinat
1 Knoblauchzehe
Salz, Pfeffer
250 g Magerquark (0,2 %)
2–3 EL italienische Kräuter
2 Eier
Wasser

1. Den Backofen auf 180 °C Umluft vorheizen.
2. Die Süßkartoffeln waschen, abtrocknen, jeweils in Alufolie einwickeln und 45–55 Minuten im Ofen garen lassen. Währenddessen den Rest zubereiten.
3. Zwiebel schälen, in feine Streifen schneiden. In einer Pfanne Olivenöl erhitzen und Zwiebel darin andünsten.
4. Den Spinat gut abwaschen, abtropfen lassen und in die Pfanne geben.
5. Die Knoblauchzehe schälen und pressen und die Hälfte davon ebenfalls zum Spinat geben. So lange anschwitzen, bis der Spinat zusammengefallen ist. Mit etwas Salz und Pfeffer würzen.
6. Den Quark mit der anderen Hälfte der Knoblauchzehe, den Kräutern, Salz und Pfeffer abschmecken.
7. Die beiden Eier pochieren; dazu die Eier jeweils vorsichtig in heißes, aber nicht kochendes Wasser aufschlagen und ziehen lassen, bis das Eiweiß gestockt ist. Dann mit einem Schaumlöffel herausnehmen und warmstellen.
8. Wenn die Süßkartoffeln fertig sind, aus dem Ofen nehmen und 5 Minuten abkühlen lassen.
9. Aus der Alufolie nehmen und so halbieren, dass die Schale unten noch zusammenhängt. Kräuterquark, Spinat und Ei jeweils in die Süßkartoffel schichten.

ZUCCHINI-PROTEIN-LASAGNE

Pro Portion **40,5 g** Protein

Eine kleine Auflaufform (22 × 14 cm)/
4 Portionen • Pro Portion: 443 kcal / 26,8 g F / 8,4 g KH
Glutenfrei, ohne Proteinpulver

- 2 Zucchini (500 g)
- 1 Zwiebel
- 2 Knoblauchzehen
- 4 Eier
- 200 g körniger Frischkäse (0,8 %)
- 250 g passierte Tomaten (aus der Dose)
- 1 EL Tomatenmark
- 1 TL Pfeffer
- 1 TL Salz
- 1 TL Paprikapulver
- 1 TL getrocknete Petersilie
- 400 g gemischtes Hackfleisch
- Kokosöl zum Anbraten und Einfetten
- 125 g Mozzarella (8,5 %)

1. Den Backofen auf 200 °C Umluft vorheizen.
2. Die Zucchini putzen, waschen und längs in Streifen schneiden, sodass »Lasagneplatten« entstehen.
3. Zwiebel und Knoblauch schälen und hacken.
4. In einer Schüssel mit den Eiern, dem Frischkäse, den passierten Tomaten und dem Tomatenmark sowie sämtlichen Gewürzen vermengen.
5. Hackfleisch in einer Pfanne mit Öl anbraten und mit Salz und Pfeffer würzen. Anschließend mit der Tomaten-Ei-Masse mischen.
6. Die Auflaufform mit Kokosöl leicht einfetten und mit den Zucchinistreifen beginnend die Hackfleischmasse und die Zucchinistreifen schichtweise hineinlegen.
7. Mozzarella raspeln, als oberste Schicht auf die Lasagne geben.
8. Lasagne in den Ofen schieben und 30 Minuten backen.

OOPSIE-CHICKEN-BURGER

Pro Portion **37,5 g** Protein

2 Burger / Portionen • Pro Portion: 256 kcal / 8 g F / 7,3 g KH
Glutenfrei, ohne Proteinpulver
Vegetarische Variante: gebratener geräucherter Tofu statt Hähnchen

Für die Burgerfladen:
2 Eiweiß
2 Eigelb
50 g Magerquark (0,2 %)
½ TL Curry
1 Prise Paprika, Salz, Pfeffer nach Geschmack

Für den Belag:
200 g Hähnchenbrustfilet
Salz, Pfeffer
1 EL Olivenöl
einige Salatblätter
2 Tomaten
½ Salatgurke
50 g Quark oder Frischkäse

1. Den Backofen auf 180 °C Umluft vorheizen.
2. Das Eiweiß in einer Schüssel aufschlagen, bis es steif ist.
3. Eigelb, Magerquark und Gewürze in einer Schüssel miteinander vermengen und vorsichtig unter den Eischnee heben.
4. Vier gleich große Portionen auf ein mit Backpapier ausgelegtes Backblech geben, auf ausreichend Abstand zueinander achten, da die Fladen auseinanderlaufen.

5. Blech in den Ofen schieben und Fladen so lange im Ofen lassen, bis sie goldbraun sind (ca. 10–15 Minuten).
6. In der Zwischenzeit die Hähnchenbrustfilets abspülen, trocken tupfen, mit Salz und Pfeffer würzen und in einer Pfanne mit Olivenöl gar braten.
7. Salatblätter waschen und trockenschütteln, Tomaten und Gurke waschen, putzen und in Scheiben schneiden.
8. 2 Burgerfladen mit etwas Quark oder Frischkäse bestreichen und nach Belieben mit Salat, Tomaten- und Gurkenscheiben sowie den Hähnchenbrustfilets belegen. Jeweils 1 Fladen obenauf legen.

LOW-CARB-FLAMMKUCHEN

Pro Portion
33,3 g
Protein

2 Portionen • Pro Portion: 433 kcal / 30,2 g F / 6,5 g KH
Glutenfrei, ohne Proteinpulver
Vegetarische Variante: als Belag nur Gemüse

Für den Teig:
2 Eier
80 g geriebener Käse, z. B. Emmentaler (45 %)
120 g Magerquark (0,2 %)
½ TL Salz

Für den Belag:
1 kleine rote Zwiebel
100 g Crème fraîche
Salz, Pfeffer
50 g Lachsschinkenwürfel (2 %)

1. Den Backofen auf 160 °C Umluft vorheizen.
2. Alle Zutaten für den Teig in einer Schüssel miteinander kurz verrühren, auf ein mit Backpapier ausgelegtes Backblech streichen und etwa 20 Minuten im Ofen backen, bis die Ränder leicht gebräunt sind und die Oberfläche glatt und fest ist. Kurz auskühlen lassen.
3. Zwiebel schälen und in dünne Ringe schneiden.
4. Nun Crème fraîche mit Salz und Pfeffer würzen, dann auf den Flammkuchenboden streichen und mit Zwiebeln und Lachsschinkenwürfeln belegen. Blech wieder in den Ofen schieben und Flammkuchen in 10–15 Minuten fertig backen.

ZOODLES MIT SESAM-HÄHNCHEN UND ROMANESCO

Pro Portion **40,3 g** Protein

1 Portion • Pro Portion: 449 kcal / 24,7 g F / 14,5 g KH
Glutenfrei, ohne Proteinpulver

1 Zucchini
100 g Romanesco
Wasser
1 EL Öl
150 g Hähnchenfilet
Salz, Pfeffer und Chili nach Bedarf
1 EL Sesam
optional: frische Kräuter

1. Zucchini putzen, waschen und mit einem Spiralschneider zu Nudeln bzw. Spaghetti schneiden und beiseitestellen.
2. Romanesco putzen, waschen, in kleine Röschen teilen und in kochendem Wasser ca. 5 Minuten blanchieren.
3. Währenddessen Öl in einer Pfanne erhitzen, Hähnchenfilet in mundgerechte Stücke schneiden und in der Pfanne von beiden Seiten scharf anbraten. Dabei mit Salz und Pfeffer (sowie nach Belieben mit etwas Chili) würzen.
4. Wenn das Fleisch fast durchgebraten ist, die Zucchininudeln mit in die Pfanne geben und erhitzen.
5. Zum Servieren das Hähnchenfilet mit Zucchininudeln und Romanesco anrichten und nach Belieben mit frischen Kräutern und Sesam garnieren.

TOMATEN MIT FRISCHKÄSE-THUNFISCH-FÜLLUNG

Pro Portion **15,1 g** Protein

4 Portionen • Pro Portion: 182 kcal / 12,4 g F / 4,8 g KH
Glutenfrei, ohne Proteinpulver

4 große Strauchtomaten
Salz, Pfeffer
150 g Thunfisch im eigenen Saft aus der Dose
200 g Kräuterfrischkäse
1 EL Senf
1 EL Zitronensaft
etwas Paprikapulver
½ Bund Schnittlauch

1. Zuerst die Tomaten waschen, den Deckel abschneiden, das Fruchtfleisch auslöffeln und die Tomaten innen mit Salz und Pfeffer würzen.
2. Den Thunfisch in einem Sieb abtropfen lassen und in eine Schüssel geben.
3. Frischkäse, Senf und Zitronensaft dazugeben und alles miteinander verrühren.
4. Mit Salz, Pfeffer, Paprikapulver abschmecken und die Creme 20 Minuten abgedeckt kalt stellen.
5. Schnittlauch waschen, trockenschütteln, in Röllchen schneiden und die Hälfte unter die Creme heben.
6. Die Tomaten mit der Creme füllen und mit dem restlichen Schnittlauch bestreut servieren.

GEFÜLLTE AUBERGINE

Pro Portion **16,3 g** Protein

2 Portionen • Pro Portion: 212 kcal / 8,7 g F / 15,6 g KH
Vegetarisch, glutenfrei, ohne Proteinpulver

2 Auberginen (je ca. 350 g)
1 Zwiebel
2 Tomaten
60 g Champignons
50 g Frischkäse (5 %)
Salz, Pfeffer, Paprikapulver edelsüß
40 g Emmentaler (45 %)
etwas Öl zum Ausfetten der Form

1. Den Backofen auf 150 °C Umluft vorheizen.
2. Auberginen waschen, halbieren und vorsichtig mit einem Messer das Fruchtfleisch quadratisch einritzen. Darauf achten, dass die Schale der Aubergine nicht beschädigt wird.
3. Fruchtfleisch der Aubergine mit einem Löffel herausheben. Mindestens 1 cm Rand mit Fruchtfleisch sollte noch an der Schale haften bleiben.
4. Die ausgehöhlte Aubergine mit etwas Salz bestreuen und 10 Minuten ziehen lassen.
5. In der Zwischenzeit Zwiebel schälen, Tomaten und Champignons waschen und putzen. Das Gemüse und das Fleisch der Aubergine klein schneiden und in einer Schüssel mit dem Frischkäse vermischen. Mit Salz, Pfeffer und Paprikapulver abschmecken.
6. Das Wasser, das sich in der Aubergine gebildet hat, mit einem Tuch aufsaugen.
7. Die ausgehöhlte Aubergine nun in eine ofenfeste, gefettete Form geben und etwa 10 Minuten vorbacken. (Achtung: Sie soll nicht schwarz werden.)
8. Die Füllung auf den Auberginenhälften verteilen und mit Käse bestreuen, dann bei 20–25 Minuten bei 180 °C Umluft fertig backen.

Tipp:

Dazu schmeckt ein leckerer Kräuterquark.

MIT BACON GEFÜLLTE PUTENRÖLLCHEN

Pro Portion **37,3 g** Protein

4 Portionen • Pro Portion: 365 kcal / 22,4 g F / 3,2 g KH
Glutenfrei, ohne Proteinpulver

4 Putenschnitzel (je ca. 120 g)
100 g rotes Pesto
200 g Baconscheiben
Zahnstocher

1. Die Putenschnitzel flach klopfen und von beiden Seiten mit dem Pesto bestreichen.
2. Eine Seite mit Bacon belegen, Schnitzel zusammenrollen, sodass der Bacon innen ist, und mit einem Zahnstocher feststecken.
3. Am besten ein paar Stunden im Kühlschrank ziehen lassen.
4. Eine Pfanne erhitzen und die Putenröllchen ohne Fett von allen Seiten anbraten.
5. Den Herd auf kleine Hitze stellen und einen Deckel auf die Pfanne geben.
6. Nun einige Minuten garen lassen.

PROTEIN-ZUCCHINI-PUFFER

Pro Portion **22,3 g** Protein

3 Portionen (ca. 9 Stück) • Pro Portion: 256 kcal / 16,8 g F / 2,8 g KH
Vegetarisch, glutenfrei, mit Proteinpulver

2 Eier
150 g Zucchini
40 g Proteinpulver, z. B. Whey Neutral
65 g geriebener Käse, z. B. Emmentaler
Salz, Pfeffer, Paprikapulver edelsüß
2 EL Pflanzenöl

1. Eier trennen und das Eiweiß in einer Schüssel zu Eischnee schlagen.
2. Zucchini putzen, waschen und raspeln, mit dem Proteinpulver, dem Käse und dem Eigelb in einer Schüssel vermengen. Mit Salz, Pfeffer und Paprikapulver würzen.
3. Den Eischnee vorsichtig unter den Teig heben.
4. In einer Pfanne etwas Pflanzenöl auf mittlerer Stufe erhitzen und pro Puffer 1 Esslöffel Teig in die Pfanne geben. 3 Minuten anbraten und wenden.
5. Weitere 3 Minuten braten, Puffer aus der Pfanne nehmen und auf einem Teller, belegt mit Küchenkrepp, abtropfen lassen.

SPINAT-LACHS-RÖLLCHEN

Pro Portion **29 g** Protein

Eine Rolle / 2 Portionen • Pro Portion: 264 kcal / 14,4 g F / 4,2 g KH
Glutenfrei, ohne Proteinpulver

120 g tiefgefrorener Spinat
Salz, Pfeffer, getrockneter Dill und weitere Gewürze nach Belieben
2 Eier
100 g Frischkäse (5 %)
150 g geräucherter Lachs

1. Spinat auftauen lassen.
2. Den Backofen auf 180 °C Ober-/Unterhitze vorheizen.
3. Die Gewürze mit dem Spinat und den Eiern in einer Schüssel pürieren.
4. Masse gleichmäßig auf einem mit Backpapier ausgelegten Backblech verteilen und 8–10 Minuten im vorgeheizten Ofen backen. Wenn der Teig fest ist, Blech aus dem Ofen nehmen und Teig abkühlen lassen.
5. Teigboden erst mit Frischkäse bestreichen und mit Lachs belegen, dann zu einer Rolle aufrollen.
6. Rolle in Frischhaltefolie einwickeln und ein paar Stunden im Kühlschrank durchkühlen lassen.
7. Zum Servieren Rolle in etwa 1–2 cm dicke Scheiben schneiden.

HÄHNCHENSPIESSE IN JOGHURT-MINZ-MARINADE

Pro Portion **30,8 g** Protein

4 Spieße • Pro Spieß: 137 kcal / 1 g F / 1,7 g KH
Glutenfrei, ohne Proteinpulver

500 g Hähnchenbrustfilet
10 g frische Minze
150 g Naturjoghurt
Salz, Pfeffer, Knoblauch
optional: Zitronensaft
Schaschlikspieße
Öl zum Anbraten

1. Das Hähnchenbrustfilet abbrausen und mit Küchenpapier trockentupfen. In mundgerechte Stücke schneiden.
2. Die Minze waschen, trockenschütteln, hacken und in einer Schüssel mit dem Joghurt mischen.
3. Nach Geschmack mit Salz, Pfeffer und Knoblauch würzen.
4. Nach Belieben etwas Zitronensaft hinzugeben.
5. Die Fleischstücke in eine verschließbare Schüssel geben und mit der Joghurt-Minz-Marinade einstreichen.
6. Deckel auf die Schüssel geben und am besten über Nacht in den Kühlschrank stellen.
7. Nach dem Marinieren die Fleischstücke auf die Spieße aufziehen und in einer Pfanne mit etwas Öl anbraten oder auf den Grill legen und knusprig braten.

PROTEIN-WRAPS MIT HÄHNCHEN-SALAT-FÜLLUNG

Pro Portion **33,5 g** Protein

4 Portionen • Pro Wrap: 102 kcal / 14,1 g KH / 0,6 g F / 9,5 g P
Pro Portion Hähnchen-Füllung: 146 kcal / 4,6 g KH / 3,2 g F / 24 g P

Für die Wraps:
1 Eiweiß
200 ml Mineralwasser
90 g Mehl, z. B. Dinkelmehl Type 630
25 g Proteinpulver, z. B. Whey Neutral
½ TL Salz
Öl zum Herausbacken

Für die Füllung:
400 g Hähnchenbrust oder Hähnchengeschnetzeltes
Salz, Pfeffer
Gewürze nach Belieben, z. B. edelsüßes oder rosenscharfes Paprikapulver
1 EL Öl, z. B. Olivenöl
ein paar Blätter grüner Salat, z. B. Eisberg- oder Kopfsalat oder Lollo rosso
8 Kirschtomaten
1 gelbe Paprikaschote
1 rote Zwiebel

1. Eiweiß und Mineralwasser in einer Schüssel mit dem Schneebesen verquirlen.
2. Mehl, Proteinpulver und Salz in einer zweiten Schüssel vermischen und löffelweise unter die Eiweiß-Mischung rühren. Der Teig sollte eine Konsistenz wie ein dünnflüssiger Pfannkuchenteig haben.
3. Boden einer Pfanne mit Öl bepinseln. Pfanne erhitzen und etwa ¼ des Teiges hineingießen und verlaufen lassen. Bei mittlerer Hitze kurz backen, bis die Oberseite Blasen wirft. Dann Fladen wenden und auf der anderen Seite fertig backen. Vorgang wiederholen und insgesamt 4 Fladen ausbacken.
4. Für die Füllung Hähnchenbrust mit Wasser abbrausen und mit Küchenpapier trocken tupfen. Dann in Streifen schneiden und mit Salz, Pfeffer und Gewürzen nach Belieben würzen. Öl in einer Pfanne erhitzen und die Hähnchenbruststreifen darin 5–7 Minuten braten, dabei gelegentlich wenden.
5. Salat waschen und trockenschütteln.
6. Tomaten und Paprika waschen und putzen. Tomaten vierteln, Paprika in Streifen schneiden.
7. Zwiebel abziehen, halbieren und Scheiben schneiden.
8. Jeden Fladen mit Salat, Tomaten, Paprika, Zwiebeln und Hähnchen belegen und aufrollen.

Tipp:

Als Soße für die Füllung eignen sich die Dressings ab S. 108.

PROTEIN-PICCOLINIS

Pro Portion **43,6 g** Protein

Ca. 9 Stück/ 3 Portionen • Pro Portion: 340 kcal / 11,1 g F / 15,6 g KH
Mit Proteinpulver
Vegetarische Variante: nur vegetarischer Belag (Champignons, Käse, Paprika)

Für den Teig:
75 ml warmes Wasser
½ TL Zucker
3 g Trockenhefe
50 g Dinkelmehl Type 630
120 g Proteinpulver, z. B. Whey Neutral
1 EL Öl, z. B. Olivenöl
1 TL Salz

Für den Belag:
60 g Mini-Mozzarella
30 g Mini-Salami-Sticks
100 ml passierte Tomaten (aus der Dose)
½ TL Oregano getrocknet
Salz, Pfeffer
Mehl zum Ausrollen

1. Wasser in ein Glas geben und Zucker hinzufügen.
2. Die Hefe unterrühren und auflösen.
3. Mehl und Proteinpulver in einer Schüssel vermengen.
4. Olivenöl, Salz und die Hefemasse zur Proteinmischung hinzugeben.
5. Teig gut verkneten, gegebenenfalls Wasser oder etwas Proteinpulver dazugeben, um die gewünschte Konsistenz zu erreichen.
6. Den Teig abdecken und 1 Stunde gehen lassen.
7. Währenddessen Mozzarella und Salami in kleine dünne Scheiben schneiden.
8. Den Backofen auf 200 °C Umluft vorheizen.
9. Nach dem Gehen den Teig mit gut angefeuchteten Händen auf einer mit Mehl bestäubten Arbeitsfläche wälzen und dünn ausrollen. Mit einem runden Wasserglas kleine Mini-Pizzen ausstechen und diese auf ein mit Backpapier belegtes Backblech legen.
10. Die passierten Tomaten mit Oregano, Salz und Pfeffer würzen, dann Soße auf dem Teig verteilen.
11. Die Piccolinis nun nach Belieben belegen, z. B. mit Scheiben von Mini-Salami und Mini-Mozzarella.
12. Blech in den vorgeheizten Backofen geben und Piccolinis goldbraun backen.

SÜSSE SNACKS

Snacks für Naschkatzen als Nachtisch oder für zwischendurch, z. B. nach dem Sport, um die Energiespeicher wieder aufzufüllen.

APFEL-ZIMT-RIEGEL

Pro Portion
9,3 g
Protein

8 Stück • Pro Stück: 133 kcal / 6,4 g F / 5,7 g KH
Vegetarisch, mit Proteinpulver

100 g Sojaflocken
50 g Haferflocken
75 g Apfelmark
1 Ei
30 g gemahlene Haselnüsse
30 g Xylit
20 g Proteinpulver, z. B. Whey Neutral oder Vanille

1. Den Backofen auf 160 °C Umluft vorheizen.
2. Alle Zutaten zu einem klebrigen Teig vermengen.
3. Den Teig auf einem mit Backpapier ausgelegten Backblech zu einem 1 cm hohen Rechteck (14 × 15 cm) verstreichen.
4. Teig 18 Minuten im Ofen backen und anschließend komplett auskühlen lassen.
5. Die ausgekühlte Masse in 8 gleich große Riegel schneiden.

PROTEIN-ERDNUSSBUTTER-COOKIES

Pro Portion
9,3 g
Protein

10 Stück • Pro Stück: 87 kcal / 4,7 g F / 1,3 g KH
Vegetarisch, glutenfrei, mit Proteinpulver

2 Eier
80 g Proteinpulver, z. B. Whey Vanille
60 g glatte Erdnussbutter ohne Zuckerzusatz
½ TL Zimt
optional: 1 EL Erythrit oder 2 EL Kakaonibs

1. Den Backofen auf 175 °C Ober-/Unterhitze vorheizen.
2. Eier und Proteinpulver in einer Schüssel verrühren.
3. Die Erdnussbutter und den Zimt unterrühren. Wer es etwas süßer mag, kann noch 1 EL Erythrit oder 2 EL Kakaonibs in den Teig geben.
4. Ein Backblech mit Backpapier belegen und mit einem Esslöffel 10 etwa gleich große Kugeln auf das Blech setzen. Diese mit dem Löffel etwas flach drücken.
5. Anschließend das Backblech in den Ofen schieben und Cookies 6–8 Minuten auf mittlerer Schiene backen.

CHIA-QUARK-MUGCAKE

Pro Portion **36,3 g** Protein

1 Stück • Pro Stück: 299 kcal / 9 g F / 14 g KH
Vegetarisch, mit Proteinpulver

1 Ei
90 g Magerquark (0,2 %)
5 g Chia-Samen
20 g Proteinpulver, z. B. Whey Vanille
10 g Instant-Haferflocken oder gemahlene Haferflocken
½ TL Backpulver
5 g Xylit oder Erythrit oder Süßungsmittel nach Belieben

1. Das Ei in einer Schüssel mit dem Quark verquirlen und anschließend die Chia-Samen unterrühren. 10–15 Minuten quellen lassen.
2. Proteinpulver, Haferflocken, Backpulver und Xylit dazugeben und alles gut vermengen.
3. Teig nun in eine mikrowellenfeste Tasse oder Schüssel geben und 2–3 Minuten bei höchster Stufe in die Mikrowelle stellen.

Tipp:

Alternativ kann der Teig auch im Ofen bei 180 °C Umluft 15 Minuten gebacken werden.

SCHOKOLADEN-VANILLE-PROTEINKÜCHLEIN

Pro Portion **30,7 g** Protein

2 Portionen • Pro Portion: 265 kcal / 5,4 g F / 21,8 g KH
Vegetarisch, mit Proteinpulver

Für den Vanilleteig:
25 g Proteinpulver, z. B. Whey Vanille
30 g Dinkelmehl Type 630
1 Msp. Backpulver
1 Ei
1 Eiweiß
100 ml Milch (1,5 %)

Für den Schokoladenteig:
15 g Proteinpulver, z. B. Whey Schoko
20 g Dinkelmehl Type 630
1 Msp. Backpulver
2 Eiweiß
50 ml Milch (1,5 %)
Fett für die Form
optional: Low-Carb-Schokolade oder Früchte zum Garnieren

1. Den Backofen auf 180 °C Umluft vorheizen.
2. Alle trockenen Zutaten für den Vanilleteig in einer Schüssel vermischen, Eier dazugeben und unterrühren.
3. Danach Milch hinzufügen und alles zu einem cremigen Teig rühren.
4. Vorgang für den Schokoladenteig wiederholen.
5. Anschließend beide Teige 15 Minuten im Kühlschrank ruhen lassen (so wird der Teig cremiger und fester).
6. Küchleinform einfetten und die Teige abwechselnd einfüllen, maximal ¾ der Form befüllen.
7. Anschließend Form in den Ofen geben und Küchlein 15–20 Minuten backen.

BROWNIES

Pro Portion **6,7 g** Protein

1 Backform 30 × 15 cm /
ca. 20–30 Stück / 15 Portionen • Pro Portion: 111 kcal / 4,6 g F / 6,3 g KH
Vegetarisch, mit Proteinpulver

270 g Kidneybohnen aus der Dose
180 g Apfelmark
30 g Öl
2 Eier
80 g Xylit
60 g Proteinpulver, z. B. Whey Schoko
40 g gemahlene Haferflocken oder Instant-Haferflocken
20 g Kakaopulver
30 g gehackte Mandeln
1 TL Backpulver
1 TL Natron
bei Bedarf etwas Milch

1. Den Backofen auf 180 °C Umluft vorheizen.
2. Kidneybohnen, Apfelmark und Öl in ein hohes Gefäß geben und mit dem Pürierstab pürieren.
3. Die Eier dazugeben und mitpürieren.
4. Alle restlichen Zutaten in einer separaten Schüssel vermengen und nach und nach unter die Bohnenmasse heben.
5. Etwas Milch hinzufügen, falls der Teig zu fest ist. Er sollte jedoch auch nicht zu flüssig sein, eher klebrig und zäh.
6. Zum Schluss den Teig in eine leicht eingefettete oder mit Backpapier ausgelegte Backform füllen, in den Ofen geben und 20–25 Minuten backen. Etwas abkühlen lassen und dann in kleine Quadrate schneiden.

ERDBEER-PROTEIN-EIS

Pro Portion
19 g
Protein

2 Portionen • Pro Portion: 128 kcal / 2,7 g F / 8,5 g KH
Vegetarisch, glutenfrei, mit Proteinpulver

150 g tiefgefrorene Erdbeeren
100 g Magerquark (0,2 %)
50 g Naturjoghurt (1,5 %)
30 g Proteinpulver, z. B. Whey Erdbeere

1. Die gefrorenen Erdbeeren in den Standmixer geben und gut pürieren.
2. Magerquark, Joghurt und Proteinpulver hinzufügen und alles durchmischen.
3. Die Masse in eine etwa handgroße Form geben und mindestens 6 Stunden ins Gefrierfach stellen.

FROZEN PROTEINSNACK

Pro Portion
11,6 g
Protein

4 Portionen • Pro Portion: 94 kcal / 2 g F / 8,6 g KH
Vegetarisch, glutenfrei mit Proteinpulver

120 g frische Erdbeeren
50 g frische Himbeeren
150 g Joghurt (0,1 %)
150 g Magerquark (0,2 %)
20 g Erythrit
20 g Proteinpulver, z. B. Whey Vanille
10 g gehackte Mandeln

1. Die Früchte putzen, waschen und klein schneiden.
2. Joghurt, Quark, Erythrit und Proteinpulver in einer Schüssel miteinander vermengen.
3. Eine gefrierfähige Form (etwa 20 × 20 cm) mit Backpapier auslegen und die Joghurt-Quark-Mischung hineingeben.
4. Die Früchte und Mandeln gleichmäßig auf der Masse verteilen und leicht eindrücken, damit sie später nicht abfallen.
5. Den Proteinsnack für mindestens 4 Stunden ins Gefrierfach geben.

AUFSTRICHE, DIPS UND DRESSINGS

Protein-Power auf Brot und Brötchen, als Dip zu Gemüse oder für die Extra-Portion Eiweiß im Salat. Die Dressings kannst du auch als leckere Soße verwenden, z. B. zu den herzhaften Gerichten ab S. 67.

PROTEIN-SCHOKO-HASELNUSS-CREME

Pro Portion
7,1 g
Protein

Ergibt ca. 150 g • Pro 30 g: 107 kcal / 7,6 g F / 1,5 g KH
Vegetarisch, glutenfrei, mit Proteinpulver

30 g Proteinpulver, z. B. Whey Schoko
15 g stark entöltes Kakaopulver
40–60 ml Milch (1,5 %) bzw. ungesüßter Pflanzendrink
50 g Haselnussmus
15 g Puder-Erythrit oder Süßungsmittel nach Belieben, z. B. 1 TL Honig

Alle Zutaten in einer Schüssel gut verrühren. Dabei mit 40 ml Milch beginnen und so viel hinzufügen, bis die gewünschte Konsistenz erreicht ist.

Tipp:

Die Creme schmeckt auch lecker mit braunem Mandelmus anstatt Haselnussmus. Die Süße kannst du nach Belieben anpassen.

SONNENBLUMENKERNE-AUFSTRICH

Pro Portion
5,6 g
Protein

Ergibt ca. 180 g • Pro 30 g: 132 kcal / 9,8 g F / 4,2 g KH
Vegan, glutenfrei, ohne Proteinpulver

120 g eingeweichte Sonnenblumenkerne (siehe unten)
2–5 EL kaltes Wasser
30 g getrocknete Tomaten
2 EL Zitronensaft oder Weißweinessig
Salz, Pfeffer
1 Knoblauchzehe

1. Sonnenblumenkerne in eine Schüssel geben, mit heißem Wasser übergießen und mindestens 1 Stunde oder besser über Nacht einweichen lassen.
2. Eingeweichte Sonnenblumenkerne in ein Sieb abgießen und durchspülen. Dann mit 2 EL kaltem Wasser im Mixer pürieren.
3. Getrocknete Tomaten klein schneiden und zusammen mit Zitronensaft sowie Salz und Pfeffer hinzufügen.
4. Knoblauch schälen und hinzupressen.
5. Alles noch einmal gut pürieren, dabei evtl. noch mehr Wasser hinzufügen, um eine cremige Konsistenz zu erreichen.
6. Mit Salz und Pfeffer abschmecken.

Tipp:

Nach Belieben noch ½ TL getrocknete Kräuter oder 1 EL frisch gehackte Kräuter, z. B. Petersilie oder Dill, unterheben.

THUNFISCH-AUFSTRICH

Pro Portion **12,2 g** Protein

4 Portionen • Pro Portion: 70 kcal / 1,5 g F / 1,5 g KH
Glutenfrei, ohne Proteinpulver

50 g Salatgurke
½ (rote) Zwiebel oder 1 Schalotte
1 kleine Chilischote (optional)
100 g Frischkäse (4 %)
2–3 EL Milch (1,5 %)
Salz, Pfeffer
150 g Thunfisch im eigenen Saft aus der Dose

1. Gurke waschen, putzen, erst in Scheiben und dann in kleine Stücke schneiden.
2. Zwiebel abziehen und fein würfeln.
3. Chilischote, sofern verwendet, waschen, putzen, entkernen und in feine Streifen schneiden.
4. Frischkäse in einer Schüssel mit Milch, Salz und Pfeffer verrühren.
5. Thunfisch abtropfen lassen, mit der Gabel zerteilen und mit den restlichen Zutaten zugeben.
6. Alles gut vermischen und mit Salz und Pfeffer abschmecken.

Tipp:

Nach Belieben noch ½ TL getrocknete Kräuter oder 1 EL frisch gehackte Kräuter wie z. B. Petersilie oder Dill unterheben.
Auch lecker: 1 EL saure Sahne oder Schmand einrühren.

LACHS-DIP

Pro Portion **10,5 g** Protein

4 Portionen • Pro Portion: 89 kcal / / 4,1 g F / 2 g KH
Glutenfrei, ohne Proteinpulver

100 g geräucherter Lachs
100 g Frischkäse (4 %)
100 g Skyr (0,2 %)
½ TL Sahne- oder Tafelmeerrettich (optional)
1 EL Zitronensaft oder Weißweinessig
1 Prise getrockneter Dill
Salz, Pfeffer

1. Den geräucherten Lachs fein zerkleinern.
2. Alle Zutaten (bis auf den Lachs) in eine Schüssel geben und mit dem Stabmixer pürieren.
3. Lachs untermischen und Dip nach Belieben stückig lassen oder erneut pürieren.
4. Mit Salz und Pfeffer abschmecken.

Tipp:

Nach Belieben mit 1 EL frisch gehacktem Schnittlauch bestreuen.
Für etwas mehr Cremigkeit 1 EL saure Sahne oder Schmand einrühren.

KAROTTEN-DIP

Pro Portion
8,3 g
Protein

2 Portionen • Pro Portion: 130 kcal / / 8,6 g F / 3,2 g KH
Vegetarisch, glutenfrei, ohne Proteinpulver

200 g Karotten
10 g Butter
100 ml + 2–3 EL Wasser
80 g Fetakäse (12 %)
100 g Frischkäse (4 %)
1 TL Öl, z. B. Olivenöl
Salz, Pfeffer
1 TL geschälter Sesam

1. Karotten waschen, putzen, schälen und in Scheiben schneiden.
2. Butter in einem kleinen Topf erhitzen und die Karottenscheiben darin 3–5 Minuten anbraten. 100 ml Wasser hinzufügen und Karotten in ca. 10 Minuten weich garen. Dann kurz abkühlen lassen.
3. Fetakäse in eine Schüssel bröseln, Frischkäse und Öl hinzufügen und dann mit dem Stabmixer pürieren.
4. Karotten zugeben, nochmals pürieren und dabei evtl. esslöffelweise mehr Wasser hinzufügen.
5. Karotten-Dip mit Salz und Pfeffer abschmecken und mit Sesam bestreuen.

Tipp:

Nach Belieben noch ½ TL getrocknete Kräuter oder 1 EL frisch gehackte Kräuter wie z. B. Petersilie oder Dill unterheben. Schmeckt auch gut als Aufstrich auf Brot.

SKYR-SENF-DRESSING

Pro Portion
11,3 g
Protein

2 Portionen • Pro Portion: 77 kcal / 0,5 g F / 6,1 g KH
Vegetarisch, glutenfrei, ohne Proteinpulver

250 g Skyr (0,2 %)
2 TL mittelscharfer Senf
1 ½ TL Honig
1 EL Zitronensaft oder Weißweinessig
Salz, Pfeffer

Alle Zutaten in einer Schüssel gut verrühren.

Tipp:

Nach Belieben noch ½ TL getrocknete Kräuter oder 1 EL frisch gehackte Kräuter wie z. B. Petersilie oder Dill unterheben.

AVOCADO-DRESSING

Pro Portion
5 g
Protein

2 Portionen • Pro Portion: 125 kcal / 8,6 g F / 4,4 g KH
Vegetarisch, glutenfrei, ohne Proteinpulver

½ Avocado (ca. 60 g Fruchtfleisch)
100 g griechischer Joghurt (0,2 %)
2 EL Zitronensaft oder Weißweinessig
1 EL Öl, z. B. Olivenöl
½ TL getrocknetes Basilikum oder 1 EL frisch gehacktes Basilikum
1 TL Honig oder Süßungsmittel nach Belieben
Salz, Pfeffer

Alle Zutaten in einer Schüssel gut verrühren.

Tipp:

Für noch mehr Protein 1 EL neutrales Proteinpulver mit etwas Wasser glattrühren und in das Dressing mischen.

JOGHURT-KRÄUTER-DRESSING

Pro Portion **10,1 g** Protein

2 Portionen • Pro Portion: 62 kcal / 0,3 g F / 4,2 g KH
Vegetarisch, glutenfrei, ohne Proteinpulver

2 Stängel Petersilie oder ½ TL getrocknete Petersilie
50 g Magerquark (0,2 %)
150 g griechischer Joghurt (0,2 %)
2–3 EL Milch (1,5 %)
1 EL Zitronensaft oder Weißweinessig
1 TL Erythrit oder Süßungsmittel nach Belieben, z. B. ½ TL Honig
Salz, Pfeffer

1. Frische Petersilie waschen, trockenschütteln und fein hacken.
2. Alle Zutaten in einer Schüssel gut verrühren.

PROTEINSHAKES MIT PROTEINPULVER

Mit Proteinpulver und Zutaten wie Früchten, Kakaopulver, Erdnussbutter, Joghurt usw. sind leckere Proteinshakes schnell gemixt. Damit kann man seinem Körper vor oder nach dem Sport eine Menge an Proteinen zur Verfügung stellen oder z. B. kaloriensparend eine Mahlzeit ersetzen.

SCHOKO-PEANUT-SHAKE

Pro Portion **28,9 g** Protein

1 Portion • Pro Portion: 324 kcal / 15,1 g F / 12,4 g KH
Vegetarisch, glutenfrei, mit Proteinpulver

200 ml Milch (1,5 % Fett)
1 EL Erdnussbutter (ca. 15 g)
20 g Proteinpulver, z. B. Whey Schoko
1 TL Xylit (oder anderes Süßungsmittel)
1 TL gemahlene Mandeln

Alle Zutaten pürieren.

ENERGIEKICK MIT ANANAS UND MATCHA

Pro Portion **22,9 g** Protein

1 Portion • Pro Portion: 222 kcal / 3,9 g F / 20,9 g KH
Vegetarisch, glutenfrei, mit Proteinpulver

150 ml Milch (1,5 %)
100 g Ananas
1 TL Matcha-Pulver
20 g Proteinpulver, z. B. Whey Vanille

Alle Zutaten pürieren.

STRAWBERRY-ICE-SMOOTHIE

Pro Portion
25,2 g
Protein

2 Portionen • Pro Portion: 196 kcal / 2,6 g F / 15 g KH
Vegetarisch, glutenfrei, mit Proteinpulver

300 g tiefgefrorener Beerenmix
400 ml kaltes Wasser
25 g Proteinpulver, z. B. Whey Erdbeere oder Neutral
250 g Magerquark (0,2 %)
optional: etwas Süßungsmittel

1. Die tiefgefrorenen Beeren mit dem Wasser und dem Proteinpulver in den Mixer geben und gut pürieren.
2. Magerquark und nach Belieben etwas Süßungsmittel hinzugeben.
3. Alles zu einer gleichmäßigen Masse mixen.
4. In Gläser aufteilen und mit einem Strohhalm und Löffel servieren.

Tipp:

Proteinshakes mit Proteinpulver sind vielseitig kombinierbar! Das in den Rezepten angegebene Proteinpulver kann man in Sorte (Reisprotein, Whey etc.) oder Geschmack (Vanille, Erdbeere, Schoko etc.) einfach nach Belieben wählen.

ERDBEERTRAUM

Pro Portion **31,9 g** Protein

1 Portion • Pro Portion: 274 kcal / 5,8 g F / 21,8 g KH
Vegetarisch, glutenfrei, mit Proteinpulver

50 g frische oder tiefgefrorene Erdbeeren
200 ml Milch (1,5 % Fett)
30 g Proteinpulver, z. B. Whey Erdbeere
1 EL Instant-Haferflocken oder gemahlene Haferflocken

1. Frische Erdbeeren putzen und waschen. Tiefgefrorene Erdbeeren einfach in den Mixer einfüllen.
2. Alle Zutaten pürieren.

EISKAFFEE-SHAKE

Pro Portion **31,8 g** Protein

2 Portionen • Pro Portion: 182 kcal / 3 g F / 6,6 g KH
Vegetarisch, glutenfrei, mit Proteinpulver

100 ml kalter Kaffee
50 g Magerquark (0,2 %)
50 g Milch (1,5 % Fett)
30 g Proteinpulver, z. B. Whey Vanille
1 EL Crushed Ice

1. Alle Zutaten, bis auf das Eis, in einen Standmixer geben und pürieren.
2. Crushed Ice zum Servieren in die Gläser füllen.

ROTER SOJA-POWERSHAKE

Pro Portion
33,7 g
Protein

1 Portion • Pro Portion: 341 kcal / 9,2 g F / 26,5 g KH
Vegan, glutenfrei, mit Proteinpulver

100 ml frisch gepresster Grapefruitsaft
100 g frische oder tiefgefrorene Beeren, z. B. Himbeeren
250 ml Sojadrink
1 EL geschrotete Leinsamen
1 Prise Zimt
30 g Proteinpulver, z. B. Sojaproteinisolat oder Whey Vanille

1. Den Grapefruitsaft in einen Mixbecher geben.
2. Frische Beeren waschen und mit einem Küchentuch trockentupfen.
3. Sojadrink, Beeren, Leinsamen und Zimt zu dem Saft geben und alles pürieren.
4. Das Sojaproteinisolat einrühren und alle Zutaten noch mal gut durchmixen.

PROTEINSHAKES OHNE PROTEINPULVER

Mit vollwertigen Lebensmitteln wie Milch, Joghurt, Skyr, Quark, körnigem Frischkäse, usw. lassen sich Shakes mit viel Eiweiß auch ohne Proteinpulver zubereiten. Durch die Zugabe von frischem Obst, Nüssen, Chia-Samen oder auch Haferkleie kannst du Proteinshakes mit einer Extraportion Vitaminen, Mineralien und wertvollen Ballaststoffen anreichern.

MANDEL-ERDBEER-PROTEINSHAKE

Pro Portion **18 g** Protein

2 Portionen • Pro Portion: 186 kcal / 7,1 g F / 11,6 g KH
Vegetarisch, glutenfrei, ohne Proteinpulver

200 g Magerquark (0,2 %)
200 ml Milch (1,5 %)
50 ml Wasser
75 g tiefgefrorene Erdbeeren
20 g Mandeln
20 g Erythrit

Alle Zutaten pürieren.

GUTEN-MORGEN-PROTEINKICK

Pro Portion **12,6 g** Protein

1 Portion • Pro Portion: 98 kcal / 1,3 g F / 7,5 g KH
Vegetarisch, glutenfrei, ohne Proteinpulver

150 ml Milch (1,5 %) oder pflanzliche Milchalternative
100 g Magerquark (0,2 %)
1 TL Matcha
1 TL Mandelmus
optional: 1 TL Süßungsmittel wie Xylit, Agavendicksaft oder Honig

Alle Zutaten pürieren. Bei Bedarf etwas Süßungsmittel dazugeben.

SPICE UP YOUR LIFE

Pro Portion **24,2 g** Protein

1 Portion • Pro Portion: 276 kcal / 11,8 g F / 16 g KH
Vegetarisch, glutenfrei, ohne Proteinpulver

1 rote Paprikaschote
150 g Hüttenkäse (4 %)
50 g griechischer Joghurt (0,2 %)
1 TL Olivenöl oder Leinöl
optional: edelsüßes oder scharfes Paprikapulver oder Gewürze

1. Paprika putzen, waschen und klein schneiden.
2. Alle Zutaten pürieren. Wer möchte, kann noch etwas edelsüßes oder scharfes Paprikapulver, Salz, Pfeffer oder weitere Gewürze zugeben.

Tipp:

Als Kaltschale löffeln oder auch lecker als Proteindip!

BLAUER QUICKIE

Pro Portion
22 g
Protein

1 Portion • Pro Portion: 203 kcal / 2,4 g F / 18,4 g KH
Vegetarisch, glutenfrei, ohne Proteinpulver

80 g Heidelbeeren
150 g Magerquark (0,2 %)
100 ml Milch (1,5 %) oder Milchalternative
1 TL Xylit (oder anderes Süßungsmittel wie Honig, Agavendicksaft)

1. Heidelbeeren waschen.
2. Alle Zutaten pürieren.

POWERSHAKE MIT BANANE UND ERDNUSS

Pro Portion
15,2 g
Protein

1 Portion • Pro Portion: 373 kcal / 14,4 g F / 42,4 g KH
Vegetarisch, glutenfrei, ohne Proteinpulver

1 Banane
200 ml Sojadrink
2 EL Erdnussbutter
1 EL Haferkleie

1. Banane schälen.
2. Alle Zutaten in einen Standmixer geben und pürieren.

Über die Autorin

Veronika Pichl ist Autorin zahlreicher Kochbücher und Ratgeber. Mit ihren Büchern und ihrem Blog-Magazin »HappyFitFood – Gesunde Ernährung mit Fun-Faktor« möchte sie ihre Leser zu einem gesünderen und glücklicheren Leben inspirieren. Im riva Verlag sind bereits viele erfolgreiche Bücher von ihr erschienen. Sie lebt mit ihrem Mann und ihren beiden Kindern im schönen Mittelfranken. Mehr Infos zur Autorin und ihren Büchern findest du auf **www.veronikapichl.de**.

Im Blog-Magazin von Veronika Pichl auf **www.happyfitfood.de** erscheinen regelmäßig leckere Rezepte, darunter Meal Prep- und Lunchbox-Ideen für Groß und Klein. Außerdem gibt es wissenswerte Beiträge, um mehr Bewegung in den Alltag zu bringen und Kilos zu verlieren, aber auch Tipps, um seine Ziele zu erreichen – für eine nachhaltige Lebensweise und mehr Zufriedenheit im Leben.

Kostenloses Bonusmaterial zum Buch

Auf **happyfitfood.de/high-protein-kochbuch** habe ich dir weitere Tipps und Produktempfehlungen für deine proteinreiche Ernährung zusammengestellt.

Außerdem stehen dir eine Vorlage für ein Ernährungs- und Fitnesstagebuch, App-Empfehlungen und eine Rezeptübersicht mit Nährwerten zu diesem Buch für deine persönlichen Wochenpläne zur Verfügung.

Herzliche Grüße

Veronika Pichl

Zutatenregister

Q

R

S

T

W

X

Z

Bild- und Rezeptnachweis

Shutterstock.com:
S. 11: Tatjana Baibakova; S. 12 oben: Sea Wave; S. 12 unten: Valentyn Volkov; S. 13: Oleksandra Naumenko; S. 15: Jiri Hera; S. 20: BLACKDAY; S. 26: lunamarina; S. 27: Kite_rin; S. 35: baibaz; S. 39: Olga Miltsova; S. 40: High-Protein-Muffins (Rezept + Foto): Nadin Schatter; S. 43: Elena Veselova; S. 45: Joanna Lawniczak; S. 46: irina2511; S. 49: AnaWein; S. 50: Svitlana Denysiuk; S. 51: ltummy; S. 52: Natalie Barth, S. 54: A_Lein; S. 55: zarzamora; S. 56: Yulia Davidovich, S. 59: Larisa Blinova; S. 60: Elena Schweitzer; s. 62: AS Food studio; S. 63: Lapina Maria; S. 66: DronG; S. 69: Karl Allgaeuer; S. 74: irina2511; S. 81: MariaKovaleva; S. 85: MariaKovaleva; S. 88: Lesya Dolyuk; S. 89: Hähnchenspieße in einer Joghurt-Minz-Marinade (Rezept + Foto): Diana Ruchser, schwarzgrueneszebra.de; S. 91: stockcreations; S. 101 + S. 103: Cesarz; S. 102: Svittlana; S. 104: Rosdaniar; S. 105: Ivanna Pavliuk; S. 107: photosimysia; S. 108 – S. 110: Elena Veselova; S. 111 + S. 113: Aleksey Korchemkin; S. 120: Atsushi Hirao; S. 121: Kalina Georgieva; S. 127: Okrasiuk

S. 25: iStockphoto.com: GMint

S. 36: Overnight-Protein-Meal (Rezept + Foto): Karina Sowa - karinasowa.de
S. 37: Knuspermüsli (Rezept + Foto): Ronja Pfuhl, Food'n Photo, #miss_gruenkern
S. 44: Protein-Pancakes (Rezept + Foto): Karina Sowa - karinasowa.de
S. 53: Eiweißbrot mit Leinsamen und Sonnenblumenkernen (Rezept + Foto): Diana Ruchser, schwarzgrueneszebra.de
S. 54: Bananenbrot (Rezept): Miriam Matin
S. 56: Rote-Linsen-Curry-Suppe (Rezept): Tina Plugge
S. 57: Kohlrabi-Koriander-Suppe (Rezept + Foto): Diana Ruchser, schwarzgrueneszebra.de
S. 61: Avocado-Lachs-Salat (Rezept + Foto): Karina Sowa - karinasowa.de
S. 63: Powersalat Schwarz-Rot (Rezept): Tina Plugge
S. 64: Chili-Chicken-Salat (Rezept): Karina Sowa - karinasowa.de;
S. 67 + S. 77: Gefüllte Süßkartoffel mit pochiertem Ei, Spinat und Kräuterquark (Rezept + Foto): Ronja Pfuhl Food'n Photo, #miss_gruenkern
S. 70: Lachsomelett (Rezept + Foto): Karina Sowa - karinasowa.de

S. 71: Gemüse-Ei-Muffins (Rezept + Foto): Leila Jasmin
S. 72: Hühnchencurry mit Blumenkohlreis (Rezept + Foto): Aylin Ackermann
S. 75: Zucchinispaghetti mit Avocado-Spinat-Pesto (Rezept + Foto):
Ronja Pfuhl, Food'n Photo, #miss_gruenkern
S. 76: Kalbsfilet mit geröstetem Gemüse und Avocado (Rezept + Foto):
Nadin Schatter
S. 78: Zucchini-Protein-Lasagne (Rezept): Inga Eierhoff
S. 80: Oopsie-Chicken-Burger: Rezept: Inga Eierhoff,
Foto: Karina Sowa - karinasowa.de
S. 81: Low-Carb-Flammkuchen (Rezept): Katharina Clören
S. 82: Zoodles mit Sesamhähnchen und Romanesco (Rezept + Foto):
Nadin Schatter
S. 83: Tomaten mit Frischkäse-Thunfisch-Füllung (Rezept + Foto):
Aylin Ackermann
S. 86: Mit Bacon gefüllte Putenröllchen (Rezept + Foto): Diana Ruchser,
schwarzgrueneszebra.de
S. 87: Protein-Zucchinipuffer (Rezept + Foto): Eileen Moser
S. 88: Spinat-Lachs-Röllchen (Rezept): Katharina Clören
S. 92: Protein-Piccolinis (Rezept + Foto): Diana Ruchser,
schwarzgrueneszebra.de
S. 93 + S. 99: Erdbeer-Protein-Eis (Rezept + Foto):
Karina Sowa - karinasowa.de
S. 100: Frozen Proteinsnack (Rezept + Foto): Karina Sowa - karinasowa.de
S. 116: Roter Soja-Powershake (Rezept + Foto): Eileen Moser
S. 117 + S. 118: Mandel-Erdbeer-Protein-Shake (Rezept + Foto):
Karina Sowa - karinasowa.de

Stephanie Just:
S. 41; S. 65, S. 79, S.115